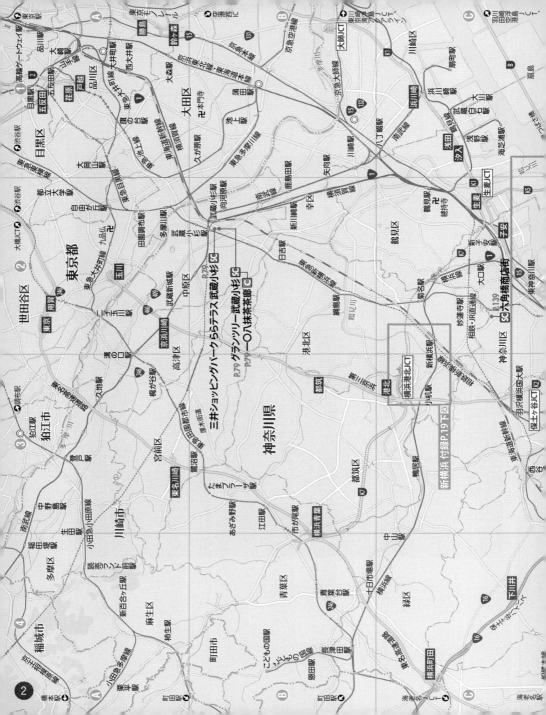

横浜

MAP

付録 街歩き地図

横浜

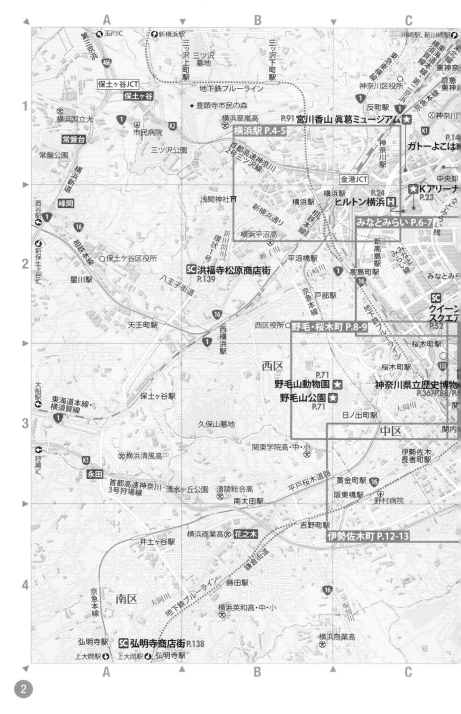

A ▼ **B** ▼ **C**

第三京浜 玉川IC 466 新横浜駅
三ツ沢上町駅 三ツ沢墓地 三ツ沢下町駅 川崎駅、新川崎駅
保土ヶ谷JCT 地下鉄ブルーライン 東海道新幹線
保土ヶ谷 豊顕寺市民の森 東神奈川
常盤台 横浜国立大 市民病院 横浜翠嵐高 京急本線 神奈川区役所 反町駅 京急東神奈川
K2 **横浜駅 P.4-5** **宮川香山 眞葛ミュージアム** ★ 神奈川
常盤公園 三ツ沢公園 首都高速神奈川 神奈川駅 K1 P.14
峰岡 浅間神社前 2号三ツ沢線 金港JCT **ガトーよこは**
西谷駅 新横浜通り 横浜駅 **P.24** 中央卸
新田間川 横浜駅 **ヒルトン横浜** ★**Kアリーナ** P.23
1 横浜新道 環状一号 **みなとみらい P.6-7**
新保土ヶ谷IC 柏尾本線 横浜平沼高 新高島駅 みなとみ らい線 みなとみら
2 星川駅 保土ケ谷区役所 **洪福寺松原商店街** 石崎川 16 高島町駅 **SC** **クイーン スクエア** P.52
八王子街道 P.139 平沼橋駅 京急本線 戸部駅 地下鉄ブルーライン
天王町駅 西横浜駅 西区役所 **野毛・桜木町 P.8-9** ★ 桜木町駅
大船駅 16 西区 **野毛山動物園** ★ 桜木町駅 133
東海道本線・横須賀線 保土ヶ谷駅 **P.71** **神奈川県立歴史博物**
野毛山公園 ★ P.36/P.38/P
狩場IC 久保山墓地 **P.71** 大岡川 関
永田 K3 横浜清風高 日ノ出町駅 **中区** 関内
3 首都高速神奈川 関東学院高・中・小 伊勢佐木
3号狩場線 清水ヶ丘公園 黄金町駅 16 長者町駅
清陵総合高 南太田駅 阪東橋駅 野村病院
横浜商業高 **花之木** 吉野町駅 平戸桜木道路 **伊勢佐木町 P.12-13**
井土ヶ谷駅 鎌倉街道
4 京急本線 **南区** 地下鉄ブルーライン 蒔田駅 16 堀
大岡川 横浜英和高・中・小
弘明寺駅 **SC** **弘明寺商店街** P.138 横浜商業高
上大岡駅 上大岡駅 弘明寺駅

A ▲ **B** ▲ **C**

川▲ ◇大師JCT
◆生麦JCT
鶴見川 東芝京浜事業所
川駅

昭和電工横浜工場 日産自動車工場
東電火力発電所

神奈川区 K5 首都高速神奈川5号大黒線
川崎浮島JCT◇ 1

横浜港 357

大黒大橋 大黒JCT

大黒PA

大黒ふ頭 2
B 大黒ふ頭

★横浜ベイブリッジ P.40/P.63 伊豆諸島、三宅島、八丈島◇

B ★スカイウォーク P.25/P.63

関内・山下公園 P.10-11
P.58
★横浜港大さん橋 国際客船ターミナル 本牧 P.18

日本大通り駅 P.58
山下公園 本牧ふ頭
★ 357
★日本郵船氷川丸
P.40/P.58

所◇ P.36/P.60
横浜中華街 ★横浜マリンタワー P.23/P.59 3
スタジアム 元町・中華街駅 K3

打JCT ★港の見える丘公園 P.64
首都高速神奈川
町駅 3号狩場線 本牧JCT

本牧JCT
田みなと赤十字病院

★山手イタリア山庭園 P.67
横浜中華街・元町・山手 P.14-15

本牧ふ頭

中区 B

根岸線

山手駅 4

P.63 ★本牧山頂公園
イオン本牧 SC
◇緑ケ丘高

岸森林公園 P.81
◇磯子駅 幸浦出入口◇

横浜市街
よこはましがい
周辺図 本書P.2-3
0 350 700m
1:38,000 N▲

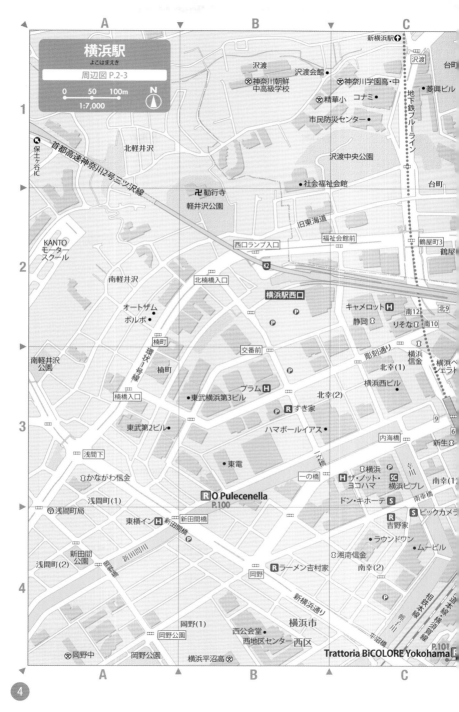

横浜駅
よこはまえき

周辺図 P.2-3

0　50　100m
1:7,000　N

A

- 保土ヶ谷IC
- 首都高速神奈川2号三ツ沢線
- 北軽井沢
- KANTOモータースクール
- 南軽井沢
- オートザム
- ボルボ
- 楿町
- 南軽井沢公園
- 環状1号線
- 楿町
- 楿橋入口
- 東武第2ビル
- 浅間下
- かながわ信金
- 浅間町(1)
- 浅間町局
- 東横イン H
- 新田間橋
- 浅間町公園
- 浅間町(2)
- 新田間川
- 岡野公園
- 岡野中
- 岡野(1)
- 岡野公園
- 横浜平沼高

B

- 沢渡
- 沢渡会館
- 神奈川朝鮮中高級学校
- 精華小　コナミ
- 市民防災センター
- 勧行寺
- 軽井沢公園
- 旧東海道
- 西口ランプ入口
- K2
- 北楿橋入口
- **横浜駅西口**
- 交番前
- プラム H
- 東武横浜第3ビル
- R すき家
- ハマボールイアス
- 北幸(2)
- 内海橋
- 東電
- 一の橋
- R O Pulecenella P.100
- 新田間橋
- 岡野
- R ラーメン吉村家
- 新横浜通り
- 岡野(1)
- 西公会堂
- 西地区センター　西区
- 横浜市
- 横浜平沼高
- 社会福祉会館
- 沢渡中央公園

C

- 新横浜駅
- 沢渡
- 台町
- 菱興ビル
- 神奈川学園高・中
- 地下鉄ブルーライン
- 台町
- 福祉会館前
- 鶴屋町3
- 鶴屋
- キャメロット H
- 静岡
- りそな
- 南12　北9
- 南10
- 彫刻通り
- 横浜信金
- 北幸(1)
- 横浜ベイシェラト
- 横浜西ビル
- 9
- 6
- 新生
- 横浜
- ザ・ノット・ヨコハマ
- SC 横浜ビブレ
- ドン・キホーテ S
- 南幸(1)
- 南幸橋
- S ビックカメラ
- R 吉野家
- ラウンドワン
- ムービル
- 湘南信金
- 南幸(2)
- Trattoria BiCOLORE Yokohama P.101
- 平沼橋

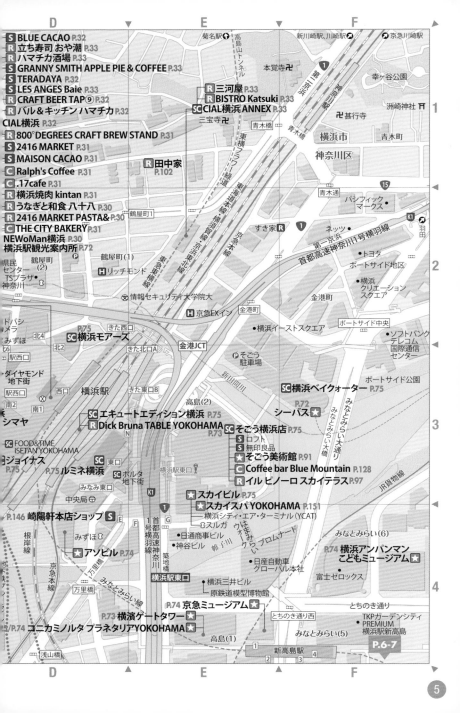

D

- S BLUE CACAO P.32
- R 立ち寿司 おや潮 P.33
- R ハマチカ酒場 P.33
- S GRANNY SMITH APPLE PIE & COFFEE P.33
- S TERADAYA P.32
- S LES ANGES Baie P.33
- C CRAFT BEER TAP⑨ P.32
- R バル＆キッチン ハマチカ P.32

CIAL横浜 P.32
- R 800°DEGREES CRAFT BREW STAND P.31
- S 2416 MARKET P.31
- S MAISON CACAO P.31
- R Ralph's Coffee P.31
- C .17cafe P.31
- R 横浜焼肉 kintan P.31
- R うなぎと和食 八十八 P.30
- R 2416 MARKET PASTA& P.30
- C THE CITY BAKERY P.31

NEWoMan横浜 P.30
横浜駅観光案内所 P.72

県民センター
TSプラザ・神奈川

鶴屋町(2)

ドバシ メラ
みずほ
t6
駅西口
ダイヤモンド地下街
駅西口
南2 南1
シマヤ
SC FOOD&TIME ISETAN YOKOHAMA
ジョイナス P.75
P.75 ルミネ横浜

中央局

P.146 崎陽軒本店ショップ S

根岸線
京急本線

みずほ

★ アソビル P.74

万里橋
万里橋

P.74 コニカミノルタ プラネタリア YOKOHAMA ★

P.73 横濱ゲートタワー ★

浅山橋

E

菊名駅
高島山トンネル

三河屋 P.33 R
BISTRO Katsuki P.33 R
CIAL横浜 ANNEX P.33 SC

三宝寺卍
青木橋

R 田中家 P.102

鶴屋町1

鶴屋町(1)

H リッチモンド

情報セキュリティ大学院大

H 京急EXイン 金港町

SC 横浜モアーズ

きた西口
きた北口A
金港JCT

新田間川

横浜駅 きた東口B

高島(2)

SC エキュートエディション横浜 P.75
R Dick Bruna TABLE YOKOHAMA P.73

N

横浜駅東口

SC ポルタ地下街

みなみ東口

K1

1 首都高速横羽線神奈川

築地橋

横浜駅東口

横浜三井ビル
原鉄道模型博物館

P.74 京急ミュージアム ★

とちのき通り西

高島(1)

1 新高島駅 4
3

F

新川崎駅、川崎駅 ◎ 京急川崎駅

本覚寺卍

幸ヶ谷公園

洲崎神社 卍

崎川橋 ①

卍 甚行寺

横浜市
神奈川区

横浜町
青木町

⑮

青木通
パシフィックマークス

ネッツ
第一京浜 首都高速神奈川1号横羽線
すき家 R ①

トヨタ
ポートサイド地区

横浜クリエーションスクエア

金港町

ポートサイド中央

横浜イーストスクエア

P そごう駐車場

ソフトバンクテレコム国際通信センター

ポートサイド公園

SC 横浜ベイクォーター P.75

P.72
シーバス ★

みなとみらい大通り

SC そごう横浜店 P.75
- S ロフト
- S 無印良品
★ そごう美術館 P.91
C Coffee bar Blue Mountain P.128
R イル ピノーロ スカイテラス P.97

★ スカイビル P.75
★ スカイスパ YOKOHAMA P.151
横浜シティ・エア・ターミナル(YCAT)
スルガ

みなとみらい線

JR貨物線

みなとみらい大橋

日通商事ビル
神谷ビル

くらうん・ぷろむなーど

日産自動車グローバル本社

P.74 横浜アンパンマンこどもミュージアム ★

富士ゼロックス

みなとみらい(6)

とちのき通り

TKPガーデンシティ
PREMIUM
横浜駅新高島

P.6-7

新高島駅

横浜みなとみらいエリア地図

- 帷子川
- P.4-5
- 日産自動車グローバル本社
- 原鉄道模型博物館・横浜三井ビル
- みなとみらい(6)
- ☆横浜アンパンマンこどもミュージアム P.74
- 富士ゼロックス
- ☆横濱ゲートタワー P.73
- ☆コニカミノルタプラネタリア YOKOHAMA P.25/P.74
- とちのき通り
- とちのき通り西
- 中央公園北
- 臨港パーク入口
- 橋
- TKPガーデンシティ PREMIUM横浜駅新高島
- オーシャンタワー
- アーバンタワー
- ☆京急ミュージアム P.74
- 高島(1)
- 新高島駅
- みなとみらい(5)
- 高島中央公園
- ブリリアグランデ
- 横浜駅
- JR貨物線
- 新高島駅前
- 中央公園南
- 展示ホー
- すずかけ通り西
- すずかけ通り
- みなとみらい5
- グローバルラーニングセンター
- 病院
- 東急REI S
- 横浜ブルーアベニュー
- 横浜アイマークプレイス
- シンクロン
- Zepp Yokohama
- みなとみらい(四)
- 横浜メディアタワー
- 交番入口
- けいゆう病院
- みなとみらい4
- S リーフみなとみらい
- ミッドスクエア
- スターバックス C
- TSUTAYA S
- いちょう通り
- 駅北
- 美術の広場前
- ビジネススクエア
- みなとみらい交
- ☆横浜
- MMパーク
- みなとみらい4
- ジョナサン R
- 4丁目駐車場
- P.24 ウェスティンホテル横浜 H
- 桜木町7
- 花咲町6
- 横浜駅
- いちょう通り西
- P.24 三井ガーデンホテル横浜みなとみらいプレミア H
- K1
- 新横浜通り
- プライムギャラリー
- 美術館
- 美術館北
- P.53 MARK IS みなとみらい SC
- みなとみらい(3)
- 美術の広場
- ☆横浜美術館 P.90
- 美術の森広場前
- 駅前
- P.52 クイーンズスクエア横
- みなとみらい東急スクエア SC
- P.55 LE SALON DE NINA'S クイーンズスクエア横浜店 C
- みなとみらい東急スクエ
- ぴあアリーナMM
- 三菱重工
- 三菱みなとみらい技術館
- 美術館南
- みなとみらい(2)
- みなとみら東急スクエ
- P.104 岩亀 本店 R
- 岩亀横丁
- 花咲町(6)
- 地下鉄ブルーライン
- 桜木町(5)
- 横浜ランドマークプラザ SC
- けやき通り西
- P.48 ドックヤードガーデン ☆
- ドックヤードガ
- S 成城石井
- 花咲町(5)
- 雪見橋
- 雪見橋国道側
- みなとみらい
- 横浜本店
- P.52 横浜ランドマークタワー ☆
- 16
- 横浜ランドマークタワー 69階展望フロア スカイガーデン ☆ P.48
- P.149 横浜ロイヤルパークホテル H
- P.97 スカイラウンジ シリウス R
- 桜木町(4)
- 日本丸メモリアルパーク
- 紅葉ヶ丘
- 花咲町(4)
- 内田町
- 日石横浜ビル
- K1
- ☆帆船日本丸 P
- 横浜みなと博物館 ☆ P.25
- 馬車
- ☆掃部山公園 P.81
- P.8-9
- 桜木町駅
- クラーク記念国際高
- さくら通り西
- 動く歩道
- 桜木町駅
- 県民共済プラザビル

6

みなとみらい

周辺図 P.2-3

0 50 100m
1:7,000
N

1

●みなとみらい臨時ヘリポート

★横浜スカイクルーズ P.44

ザ・カハラ・ホテル&リゾート 横浜
R RISTORANTE OZIO P.55

潮入りの池

★臨港パーク P.47

アネックスホール

みなとみらい(1)

●展示ホール

横浜港

2

★パシフィコ横浜 P.47

★横浜みなとみらいホール P.91

●パシフィコ横浜
国立大ホール
横浜国際会議場

R ピア21

パシフィコ横浜前

★ぷかりさん橋 P.40

H ヨコハマ グランド
インターコンチネンタル ホテル P.150

新港町

パシフィコ横浜・
会議センター

国際橋

P.29 InterContinental Yokohama Pier 8 H
P.29 アンティーカ ピッツェリア ダ ミケーレ R
P.29 鎌倉紅谷 Kurumicco Factory S
P.28 YOKOHAMA CARAMELLABO S
P.28 VANILLABEANS THE ROASTERY S
横浜ハンマーヘッド SC
P.28/P.53

3

H 横浜ベイホテル東急 P.149

さくら通り

よこはま
コスモワールド

カップヌードル
ミュージアムパーク●

●客船ターミナル

横浜みなとみらい 万葉倶楽部 ★
P.151

ハンマーヘッド ●
(シーバス乗り場)

観覧車「コスモクロック21」★
P.47 よこはまコスモワールド ★

こはま
スモワールド

★カップヌードルミュージアム
横浜 P.46
新港(2)

カップヌードル
パーク入口

中区

P.53 MARINE &
WALK YOKOHAMA
SC

4

アニヴェルセル●
みなとみらい横浜

海外移住資料館
JICA横浜国際センター

客船ターミナル入口

P.54 アニヴェルセルカフェ
みなとみらい横浜 C

SC 横浜ワールド
ポーターズ P.52

SC ビブレ

横浜市

横浜市

新港(1)

ピア運河パーク
(水上バス乗り場)

イオンシネマ

サークルウォーク

P.27/P.49 YOKOHAMA AIR CABIN ★

運河
パーク

運河パーク駅

P.10-11

★汽車道 P.49

H ナビオス横浜 P.150

野毛・桜木町
のげ・さくらぎちょう
周辺図 P.2-3

0　50　100m
1:7,000

西区(役所通り)

伊勢町(3)

戸部小入口

光源寺

伊勢町(2)

西中

御所山橋

戸部橋

京急本線

横浜横浜道路

上原トンネル

戸部教会

戸部小

伊勢町交番

戸部町(3)

妙玄寺

フジ

戸部町(2)

御所山公園

紅葉ヶ丘

掃部山公園 P.81

紅葉ヶ丘
能楽堂　県立音楽堂
県立図書館

県立青少年センター

戸部局

戸部通り

紅葉坂

西戸部町(3)

西戸部町(2)

横浜上原教会

西戸部住宅

イセリュウ

伊勢町(1)

横浜市
西区

老松町

伊勢山皇大神宮 P.71
戸部町(1)

野毛山教会

水道道

セブンイレブン

野毛山動物園 P.71

野毛山公園 P.71

一本松小

西戸部町(1)

ローソン

老松中

中央図書

野毛坂

野毛の吊橋

旧野毛山配水池

セントジェームスクラブ
迎賓館

展望台

京急本線

市

東ヶ丘

遊具広場

水道局人材開発
センター

黄金町アートブックバザール P.94

東小

子神社

P.12-13

D
E
F
1
2
3
4
P.6-7
P.10-11
内田町
首都高速神奈川1号横羽線
地下鉄ブルーライン
日本丸メモリアルパーク
さくら通り西
動く歩道
帆船日本丸 P.48
横浜みなと博物館 P.25
みなとみらい線
汽車道 P.49
県民共済プラザビル
クラーク記念国際高
桜木町(4)
さくら通り
コレットマーレ P.53
水信フルーツパーラーラボ P.131
ピア日本丸(水上バス乗り場)
紅葉坂
ニューオータニイン横浜プレミアム P.150
P.27/P.49
YOKOHAMA AIR CABIN
紅葉橋
紅葉橋
新横浜通り
根岸線
日本丸
みなとみらい大通り
ノートルダム
紅葉坂教会
桜木町
桜木町駅
桜木町駅
北仲橋
北仲通(6)
ヨコハマメモリーズ
P.51 HAMARU
P.51 横浜市場食堂
Universal Dining ONE
P.51 LUXS FRONT
桜木町(3)
宝光寺
桜木町駅
CIAL 桜木町
桜木町(1)
P.50 オークウッドスイーツ 横浜
P.50 ビルボードライブ横浜
P.50 KITANAKA BRICK & WHITE
本町小入口
駅前
横浜桜木町ワシントンホテル P.149
クロスゲート P.53
北1
馬車道駅
横浜市役所
本町(6)
CIAL桜木町ANNEX
P.47
桜木町(2)
南1
桜木町2
北2
北3
東
横浜アイランドタワー
音楽通り
花咲町2
花咲町(2)
南2A
ぴおシティ
駅入口
弁天橋
大岡川
川端通り
本町通り
東横イン
南2B
音楽通
桜木町駅前交番
横浜成田山 P.71
太田町(6)
花咲町(1)
住吉橋
la Tenda Rossa P.100
博物館通り
P.71
横浜にぎわい座
ブリーズベイ
桜木町1
野毛2
魚貝バル HAMAJIRUSHI
大江橋
エディット
ちぇえる野毛
野毛町(3)
P.126 萬里 P.127
P.127 ビストロ＆バル ジィーロ
桜川橋北
グリル・エス P.106
野毛坂通り
山荘 P.126
馬車道十番館 P.128/P.145
六道の辻通り
桜川橋
野毛3
浜幸 P.126
野毛本通り
桜川橋南
ウインズ
リッチモンド
米国風洋食 センターグリル P.107
P.127 野毛ビストロZIP
P.93 横浜指路教会
宮川町3
P.107 洋食キムラ 野毛店
都橋
都橋
馬車道通り
梅林 P.104
P.109 泉平
福富町西公園
吉田町
平戸桜木道路
宮川町(2)
宮川橋
P.105 割烹蒲焼わかな
吉田町名店街
関内駅
大岡川
尾上町
日ノ出町
吉田町
関内大通り
長者橋
長者橋
伊勢佐木町入口
福富町仲通
長者町9
P.139
イセザキ・モール 1・2 St.
関内駅
伊勢佐木町(1)
神奈川
西通入口
三井住友
羽衣町
末広町(2)
羽衣町1
湘南信金
長者町8
羽衣町(1)
パレス
中区
長者町(9)
長者町(8)
アルファーワン
羽衣町(2)
蓬莱町(1)
旭橋
松乃屋
末広町(3)
羽衣町3
長者町7
かに道楽
ダイワロイネット
蓬莱町1

アニヴェルセルカフェ ☐ みなとみらい横浜 P.54

P.6-7

🆂🅲 横浜ワールドポーターズ P.52

ビア運河パーク
(水上バス乗り場)🚢

🆂🅲 ビブレ
イオンシネマ サークルウォーク

⭐汽車道 P.49

運河パーク駅 P.22 Disney HARVEST MARKET By CAFE COMPANY ®

運河
パーク

P.55 bills 横浜赤レンガ倉庫 ®

新港(1)

⭐YOKOHAMA AIR CABIN
P.27/P.49

ナビオス横浜 ℍ
P.150

新港中央広場

横浜赤レンガ倉庫
(2号館)
R.22/P.38/P.49/P.52

ノートルダム

海岸通(5)

⭐万国橋 P.41

横浜赤レンガ倉庫
(1号館)
P.22/P.38/P.49/P.52

ℍオークウッドスイーツ 横浜 P.50

海岸通
(4)

赤レンガ倉庫

⭐ビルボードライブ横浜 P.50

⭐KITANAKA BRICK & WHITE P.50

北仲通(5)

創造空間万国橋●

P.8-9

第二合同庁舎

海岸通り4 ●相模ビル

🆂 横濱帆布鞄 P.140

海岸通(3)

新港橋

1a 馬車道駅
1b

🆂
DECO
BOCO
P.143

海岸通(1)

●横浜
アイランドタワー

本町5 4

海岸通り3

⊗ 県警本部

開港の丘

本町通り

東横イン ℍ

本町4

海岸通り 海岸通2

元浜町(4)

海岸通(2)

象の鼻テラス

旧富士銀行横浜支店⭐
P.93

⊗7
東京藝大

元浜町
(2)

P.89 横浜税関資料展示室⭐

象の鼻パーク
P.41/P.58

神奈川県立
歴史博物館
P.36/P.88/P.92

本町3

警察本部前

⭐横浜税関
P.37/P.92

元浜町
(1)

P.93 ℍルートイン

平和プラザ ℍ

本町(3)

北仲通(2)

横浜税関前

税関
分庁舎

⭐損保ジャパン
横浜馬車道ビル

本町2

北仲通(1)

P.141 RISING S

ℕ PILGRIM 19th CLUB
P.124

本町通り

県庁新庁舎●

横浜8

開港資
料館前

®グリル・エス
P.106

南仲通
(3)

本町(1)

神奈川県庁◉ ⭐横浜開港資料

ℍリッチモンド

●関内ホール

弁天通
(2)

横浜市開港記念会館⭐
P.37/P.41/P.93

県庁前

神奈川県庁本庁
P.41/P.92

🆂🅲 馬車道十番館
P.128/P.145

ℍコンフォート

横浜地方検察庁●

横浜海岸教
P.36/P.

🆂 泉平 P.109

ℍアパ入船通り

ℕ The Bar Tenmar P.124

相生町(2)

横浜地方裁判所●

P.89 横浜都市発展記念館⭐

®ストラスヴァリウス
P.99

P.101 ℍ東横イン

P.92 横浜情報文化センター⭐

®Sisiliya

日本銀行(横浜支店) P.98 Alte Liebe ®

大さん橋

地下鉄ブルーライン

常盤町
(2)

P.129 CAFE de la PRESSE ©

日本新聞博物館(ニュースパーク)

横浜かを
P.1

羽衣町

常盤町(1)

相生町1

日本大通

●住宅供給公社

⭐天吉 P.104

尾上町通り

尾上町交叉⊗

ありあけ本館 ハーバーズムーン本店⭐

横浜公園 P.146

中区役所
〇

日本大通

NTT山下ビル●

港町(2)

尾上町
(1)

水の広場

彼我
庭園

中区役所前

ℍスーパー

K1 首都高速神奈川1号横羽線

関内駅

建設中

⭐横浜公園
P.57

加賀町

蓬莱町
(1)

ℍ OMO7横浜 P.24

港町(1)

⭐横浜スタジアム
P.57

ケーブルカー ℕ
P.123

警察

蓬莱町

ダイワロイネット ℍ

★ マリーンルージュ P.42
★ リザーブドクルーズ
赤レンガcaféクルーズ P.43
★ リザーブドクルーズ
工場夜景ジャングルクルーズ P.43
⚓ ピア赤レンガ
（シーバス乗り場）

C cafe & dining blue terminal P.59
R インターナショナル キュイジーヌ サブゼロ P.96
⚓ ★ 横浜港大さん橋 国際客船ターミナル P.58

京浜フェリーボート
横浜港内クルーズ P.43
ピア象の鼻
水上バス乗り場）
P.93

ジャパンエキスプレスビル
C Jack Cafe EAST & WEST P.59

S BLUE BLUE YOKOHAMA P.140

横浜港

•大さん橋ふ頭ビル

•総合ビル
税関分庁舎
横浜水上署
⊗

S bluee-s P.141

R SCANDIA P.59
★ 横浜貿易会館 P.93
•インド水塔
★ ザ・ワーフハウス山下公園 P.23/P.57

開港広場前
ジョナサン R
開港広場
入口

シルクセンター
S エクスポート
シルクセンター1階 P.146
★ シルク博物館
P.84

産業貿易センター前

•赤い靴はいていた女の子の像

•西洋理髪発祥の地

★ 日本郵船氷川丸
P.40/P.58

ワークピア

県民ホール前

★ 山下公園 P.58

R 英一番館 P.97
神奈川県民ホール
モントレ H

•水の守護神

★ KAAT 神奈川芸術劇場 P.91
•NHK横浜放送局

JALシティ みなとみらい線

戸田平和記念館

公園中央口

N バー シーガーディアン II P.122
C ロビーラウンジ「ラ・テラス」 P.108
R コーヒーハウス「ザ・カフェ」 P.108

本町通り
イヤルホール
浜市

P

山下町

H ホテルニューグランド P.37/P.108/P.148
スター H

横浜中華街詳細図 P.16-17

中区
山下町
ローズ

1
2 1

S マルエツプチ

横浜マリンタワー ★

マリンタワー前

P

★ 横浜中華街
P.36/P.60

山下町交番 ⊗
China Town 80 ℹ

中華街大通り

天主堂跡

•トヨペット

元町・
中華街駅

P.14-15

H メルパルク

伊勢佐木町

いせざきちょう

周辺図 P.2-3

0　50　100m
1:7,000

N

C P.8-

神奈川 ♨ 西通入口 **P.8-**

日ノ出町 (1)

日ノ出町1

子神社 ⛩

P.94 Ⓟ 湘南信金 ♨ 長者町8

S 黄金町アートブック バザール

長者町 (8)

東小 ⊗

旭橋 旭橋 長者町 (9)

かに

中区

日ノ出町 (2)

東小 ⊗

赤門局 ✉

P.132 Strasbourgeoise **S**

末吉町1

グランドサン **H**

長者町

末吉町 (1)

若葉町 (1)

長者

赤門町 (1)

赤門通り

東小入口

R 太田なわのれん

P.105 お可免 R

英町

初音町(1)

初音町2

黄金橋

吉野家 **R**

藤棚浦舟通り

ネッツ

初音町 (2)

黄金町(1)

末吉町(2)

曙町 (1)

西中町 (1)

初音町 (3)

初音町3

若葉町 (3)

若葉町3

リブマックス **H**

曙町(2)

曙町2北 東

黄金町 交番

末吉橋

⊗

前里町(1)

初音町

じゃのめや **R**

中郵便局北

曙町2

P.103

P.109 玉泉亭 **R**

前里町1

黄金町 (2)

伊勢佐木町 (5)

S 浜志まん

弥生町

上大岡駅 Ⓖ

黄金町駅

太田橋北側

末吉町(3)

P.145 中郵便局前

太田橋

サミット **S**

曙町3

P.70 大通り公園

弥生町3

★

白金(1)

栄橋

末吉町4

曙町3南

地下鉄ブルーライン

長島町

マイステイズ **H**

伊勢佐木町6

16

弥生町4

横浜市

末吉町(4)

永楽

富士見川公園 横浜 ♨

伊勢佐木町(7)

弥生町 (4)

よこはまばし

南区

まいばすけっと **S**

阪東橋

3 2

⊕野村病院

曙町5 (5)

弥生町 5 (5)

阪東橋駅

1

高根町(1)

真金町 (2)

16

4

すき家 **R**

高根町 (2)

SC 横浜橋通商店街 **P.138**

上大岡駅 Ⓖ

駿河橋

阪東橋

⛩ 金刀比羅神社

真金町(1)

阪東橋公園

南吉田小

⊗南吉田小

白妙町 (1)

新川町(1)

高根町 (4)

高根町(3)

白妙町(2)

神奈川 ♨

万世

二葉町 (1)

医大通り

白妙町 (3)

よこはまばし入口

浦舟局

三吉演

白妙町(4)

浦舟町

浦舟町(1)

三吉

白妙町 (5)

市大病院前

浦舟町(3)

⊗南署 浦舟町 (2)

○南区役所

中村町

千歳橋

浦舟町交番 ⊗
⊕ 救命救急センター

市民総合医療センター ⊕

Ⓖ狩場IC

D
E
F
1
2
3
4
伊勢佐木町(1)
三井住友
羽衣町
天吉 P.104
関内駅
港町(2)
尾上町(1)
尾上町通り
市庁舎前
横浜市役所
みなと大通り
末広町(2)
羽衣町1
羽衣町(1)
パレス
アルファーワン
羽衣町(2)
蓬莱町(1)
蓬莱町
末広町(3)
羽衣町3
ダイワロイネット
蓬莱町1
港町(1)
横浜スタジアム P.57
イセザキ・モール 1・2 St. P.139
厳島神社
石の広場
蓬莱町(2)
佐木町3
吉田中
万代町1
万代町(1)
不老町
根岸線
第2有楽ビル
蓬莱町2
羽衣町(3)
ウィング
首都高速神奈川1号横羽線
長者町5
水の広場
蓬莱町(3)
不老町(1)
新横浜通り
万代町(2)
蓬莱町3
万代町2
技能文化会館
不二ビル
文化体育館前
扇町公園
ワシントン
横浜公園
万代町(3)
長者町(5)
駅前
伊勢佐木長者町駅
不老町(2)
長者町(4)
日之出川公園
不老町2
横浜BUNTAI
町(1)
不二ビル
伊勢佐木署入口
扇町1
不老町(3)
弥生町1
警察署前
不老町3
扇町2
サントク
長者町3
TKプラザ
翁町(2)
扇町(2)
山吹公園
山吹町
横浜駅根岸道路
長者町(3)
ポートピア
伊勢佐木署
富士見町
カローラ
高校前
総合医療会館
寿町(2)
富士見町
扇町3
ネッツ
長者町2
アジアビル
山田町
長者町(2)
扇町(4)
寿町(3)
慈音寺
長者町1
P.14-15
山田町
長者町(1)
松影町(3)
掖済会病院
かながわ信金
寿町(4)
日産
松影町(4)
千歳町
千歳公園
車橋北
寿町交番
永楽町(1)
千歳公園前
プリンス
車橋
東橋
三吉町
車橋南
石川町(4)
き家
石川小下
石川町5
諏訪神社
万世町(1)
万世町1
中村町(1)
石川町(5)
首都高速神奈川3号狩場線
世町(2)
玉泉寺
牛坂
打越
浄光寺
横浜駅根岸道路
石川小
遊行坂
打越
中村町(2)
在日大韓基督教会

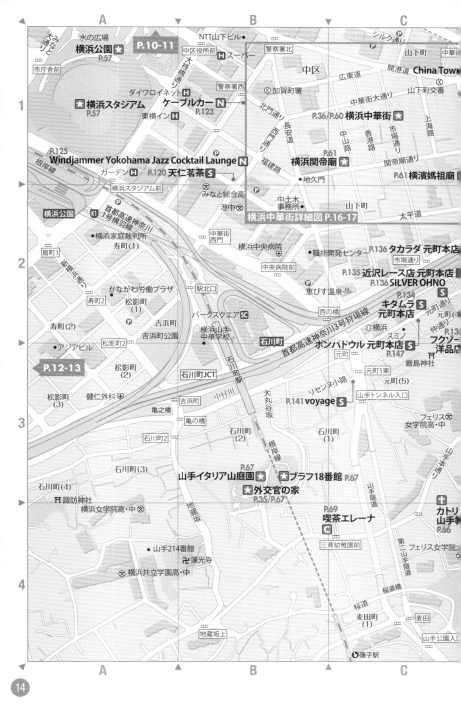

横浜公園 ★ P.57
水の広場
みなとみらい大通り
NTT山下ビル ●
中区役所前 ■ スーパー
警察署北
シルク通り
山下町
中華街
市庁舎前
中区
広東道
開港道 China Tow
大桟橋通り
横浜スタジアム ★ P.57
ダイワロイネット ■
ケーブルカー ■ P.123
警察署西
⊗ 加賀町署
北門通り
長安道
西門通り
福建路
山下町交番
中華街大通り
上海路
東横イン ■
P.36/P.60 横浜中華街 ★
P.125
Windjammer Yokohama Jazz Cocktail Lounge ■
根岸線
ガーデン ■ P.120 天仁茗茶 ■
横浜スタジアム前
中山路
香港路
市場通り
P.61
横浜関帝廟 ★
関帝廟通り
P.61 横濱媽祖廟
みなと総合高
港中 ⊗
・地久門
横浜公園
首都高速神奈川1号横羽線
扇町1
横浜家庭裁判所
寿町(1)
中華街西門
中土木事務所
山下町
太平道
横浜中華街詳細図 P.16-17
横浜中央病院
中央病院前
・職能開発センター P.136 タカラダ 元町本店
市场通り
P.135 近沢レース店 元町本店
P.136 SILVER OHNO ■
恵びす温泉 ♨
P.134
キタムラ ■
元町本店
元町(4)
元町通り
P.13
フクゾー
洋品店
かながわ労働プラザ
寿2
松影町(1)
寿町(2)
吉浜町
吉浜町公園
パークスクエア SC
横浜山手中華学校 ・
石川町
⊗横浜
スミ
ポンパドウル 元町本店 ■
P.147
松影町2
元町
仲田
厳島神社
・アジアビル
P.12-13
松影町(2)
石川町JCT
石川町駅
中村川
元町5東
元(町)(5)
松影町(3)
健仁外科 ⊕
吉浜町
亀之橋
大丸谷坂
リセンヌ小路
P.141 voyage ■
山手トンネル入口
亀の橋
石川町2
石川町(2)
石川町(1)
フェリス ⊗
女学院高・中
石川町(3)
根岸線
山手隧道
石川町(4)
諏訪神社
横浜女学院高・中 ⊗
山手イタリア山庭園 ★
P.67
★ ブラフ18番館 P.67
★ 外交官の家
P.35/P.67
地蔵坂
P.69
喫茶エレーナ
■
三育幼稚園前
カトリ
山手教
P.66
山手214番館 ・
卍 蓮光寺
⊗ 横浜共立学園高・中
第二山手隧道
フェリス女学院
桜道橋
桜道町
麦田町(1)
麦田
地蔵坂上
山手公園入口
◉磯子駅

D

E

F

☆横浜マリンタワー P23/P59
S マルエツプチ
●トヨペット
☆山下公園 P.58
横浜市
マリンタワー前
天主堂跡
R SALONE 2007 P.101
H メルパルク P.91
新山下橋
山下町
みなとみらい線 元町・中華街駅
バーニーズ ニューヨーク
☆横浜人形の家
山下橋
山下橋
新山下
エスカル H
3
4
山下橋東
本牧JCT
クセレント コースト●
C Patisserie Pavlov 元町本店 P.130
谷戸橋
K3
植物防疫所 ●
新山下(1)
霞橋
代官橋
S キヤ・アンティークス P.142
●フランス山
新山下1
田橋
P.68
S STAR JEWELRY the shop & museum MOTOMACHI 元町本店 P.137
元町交番
●アメリカ山公園
うゆ・きゃふぇ 元町 C
P.137 gradog S
S ウチキパン P.147
見尻坂
☆港の見える丘公園 P.64
●展望台
S 香炉庵 元町本店 P.145
C La Banlieue atelier saito P.99
H KKR
☆岩崎ミュージアム P.65
R 横濱元町 霧笛楼 P.98
R 春鶯亭ひら P.105
横浜気象台
公園前
☆横浜市イギリス館 P.64
S 霧笛楼 元町仏蘭西菓子店 P.145
P
C ティールーム霧笛 P.69
C 日本茶専門店 茶倉 P.132
☆横浜外国人墓地 P.35/P.65
☆大佛次郎記念館 P.64
S ミハマ 元町本店 P.136
ブラフ99 ガーデン P.63
P.107
R 山手ロシュ
●横浜インターナショナルスクール
C カフェ・ザ・ローズ P.129
元町濱新 P.103
C Paty Cafe P.131
C 山手十番館 P.40/P.69
☆山手111番館 P.64
R 県立神奈川 近代文学館 P.64/P.89
S BLUFF BAKERY P.147
●猫の美術館
☆元町公園 P.66
☆山手資料館 P.35/P.66
P.66 エリスマン邸 ☆
代官坂 リフサイド R
代官坂トンネル
卍願西寺
山手本通り
近代文学館入口
●大韓民国 総領事館
代官坂上
☆横浜山手聖公会/横浜クライスト・チャーチ P.66
横浜インターナショナル スクール
ユニオン教会 †
☆ベーリック・ホール P.34/P.67
☆山手234番館 P.66
諏訪町
ロイストン教会 †
C えの木てい 本店 P.68
雙葉小入口
元町公園前
☆ブリキのおもちゃ博物館 P.63
フェリス⊗ 女学院大
山手町
北方小前
⊗北方小
⊗元街小
諏訪町
⊗横浜雙葉高・中
庭球発祥之地
上野町(4)
サンモール インターナショナルスクール●
ビヤザケ通り
キリン園 公園
山手公園
ニス発祥記念館
⊗横浜雙葉小

横浜中華街・元町・山手
よこはまちゅうかがい・もとまち・やまて
周辺図 P.2-3/P.18
0 50 100m
1:7,000
N

妙香寺台
妙香寺 卍
千代崎町(1)

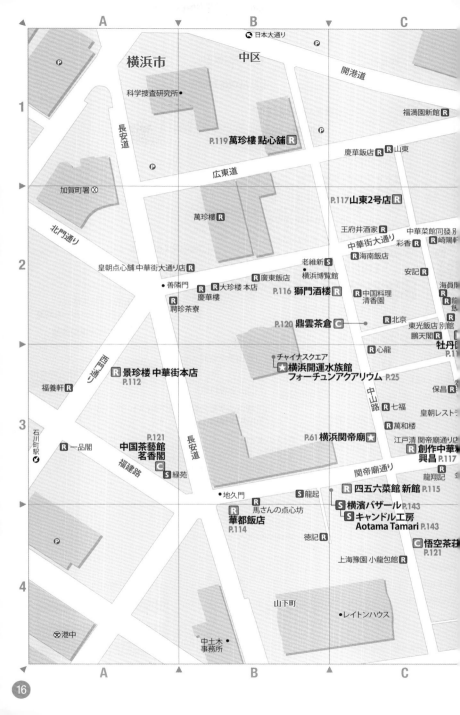

A　　　B　　　C

◎ 日本大通り

横浜市　　　中区

開港道

科学捜査研究所・

福満園新館 R

1

P.119 萬珍樓 點心舖 R

慶華飯店 R R 山東

長安道

広東道

加賀町署 ⊗

P.117 山東2号店 R

萬珍樓 R

北門通り

王府井酒家 R　中華菜館同發 別
彩香 R R 崎陽軒

2

中華街大通り

老維新 S

皇朝点心舗 中華街大通り店 R　　R海南飯店

善隣門・　R R 大珍楼 本店　R廣東飯店　横浜博覧館

慶華樓　　P.116 獅門酒楼 R　R中国料理
清香園

安記 R

海員閣
R
R 龍
飯
R

聘珍茶寮 R

P.120 鼎雲茶倉 C　　R北京

東光飯店 別館 R

鵬天閣 R

牡丹
P.1

R心龍

チャイナスクエア

R 景珍楼 中華街本店　★ 横浜開運水族館
P.112　　フォーチュンアクアリウム P.25

福養軒 R

中山路　保昌 R

R 七福
皇朝レストラ

R 萬和楼

3

石川町駅 ◎

P.121
中国茶藝館
名香閣
C
S 緑苑

R 一品閣

P.61 横浜関帝廟 ★

江戸清 関帝廟通り店
R 創作中華料
興昌 P.117

福建路

関帝廟通り

R
龍翔記

地久門・　S 龍起

R 四五六菜館 新館 P.115

S 横濱バザール P.143

R
馬さんの点心坊

S キャンドル工房
Aotama Tamari P.143

P ⊗

華都飯店
P.114

徳記 R

C 悟空茶荘
P.121

上海豫園 小龍包館 R

4

山下町

⊗ 港中

・レイトンハウス

中土木
事務所

A　　　B　　　C

16

山下町

R 重慶飯店 新館
H ローズ
🅿 中華街(朝陽門)

山下公園

張記小籠包 R
横浜中華街 北京飯店 R
P.114

本町通り
みなとみらい線
中華街東門

朝陽門

重慶飯店 本館 P.110

R 王朝

セガ 2

元町・中華街駅

China Town 80 P.60

P.111 華正樓 新館 R

謝甜記

⊗ 山下町交番

R 王府井レストラン

R 重慶茶樓本店

鵬天閣新館 R
R 江戸清
中華街本店

R 王府井
R 状元樓 P.111

P.112

R 中華菜館 同發本館

R 金鳳酒家

P.118 菜香新館 R

R 鵬天閣「七茶」

チャイハネパート1 S

R 華正樓 本館

R 廣翔記本館

リブマックス H

金龍飯店 R

S 悟空1号店

酒家
桃源邨 R
本店 P.117

R 青葉新館

園別館
P.113

R 四五六菜館 本館

R 慶福楼

R 景徳鎮本店 P.113

好

永福楼 R

雪の氷
S

中国料理 接筵 R

★ 横浜大世界
アートリックミュージアム
P.91

R 廣翔記新館

P.113
京華樓 本館

北京料理 蓬莱閣
R

清風楼
R 三和楼 P.115

R 謝朋酒楼

R
東園

QQ屋台居 R

天長門

R 飲茶喫茶 香格里拉

R まるた小屋

山下町公園

★
P.61 横濱媽祖廟

S ぱんだや

R
熊猫飯店

R 老北京

R 酔龍

R 梅蘭 市場通り店

R 華錦本店

中華街局 ⊖

横浜中華街詳細図
よこはまちゅうかがいしょうさいず

周辺図 P.10-11/P.14-15

0   25   50m N

1:2,000

17

◀ A ▼ B ▼ C

⊗県警本部

横浜駅

弁天通

本町1

本町

日本大通り駅

みなとみらい線

★山下公園 P.58

県庁舎通り

○中区役所 山下町駅

★横浜マリンタワー P.23/P.59

関内・山下公園 P.10-11

新山下

★横浜スタジアム P.57

⊗みなと総合高

港中

⊕横浜中央病院

横浜気象台●

元町・中華街駅

新山下

霞橋

新山下ランプ

川崎浮島JCT

首都高速湾岸線

B

1

根岸線

石川町駅

首都高速神奈川3号狩場線

元町

★港の見える丘公園 P.64

新開橋

見晴橋入口

新山下

K3

C Teafanny 横浜 P.132

◀

横浜駅

金港JCT

松影町

石川町JCT

石川町

⊗横浜女学院高・中

⊗横浜共立学園高・中

山手町

フェリス女学院大

⊗元街小

上野町

⊗横浜雙葉高・中

雙葉小

千代崎町

新山下

見晴橋

鶯橋入口

みなと赤十字病院入口

みなと

赤十字病院

見晴らし公園●

本牧JCT

A突堤入口

横浜中華街・元町・山手 P.14-15

2

新保土ケ谷IC

◀ ⊗新保土ケ谷IC

⊗山元町

柏葉

山元町

西竹之丸

山元町4

鶯山

竹之丸

麦田町

妙香寺前

妙香寺台入口

大和町

西之谷町

本郷町

見晴トンネル入口南側

千代崎町4

北方町

中区

ワシン坂入口

小港橋

小港町2

本牧十二天

本牧

小港南公園

S 本牧フロント

⊗山手署

本牧宮原

本牧通り

▶

立野小⊗

仲尾台

山元町4

仲尾台中⊗

★根岸森林公園 P.81

滝之上

豆口台

聖光学院高・中

善寺卍

横浜国大附属横浜小

矢口台

山手駅

根岸線

YC&AC通り

本牧緑ケ丘

★本牧山頂公園 P.63

⊗大鳥小

⊗横浜緑ケ丘高

本牧満坂

本牧神社 卍

新本牧公園●

本牧和田

天徳寺卍

和田山

警察署前

本牧町

イオン本牧 SC

本牧小

中図書館●

本牧原

本牧いずみ公園

パークシティ

大鳥中入口

本牧原

3

大船駅

幸浦出入口

◀ ⊗幸浦出入口

白滝不動尊卍

白滝不動尊前

根岸町

根岸不動

交番前

根岸線

池袋

立野高

間門

本牧通り

B

立野高入口

357

千鳥町

本牧中

⊗本牧荒井

S 食品館あおば

本牧間門

間門小⊗

本牧二之谷

★三溪記念館 P.81

本牧三之谷

三溪園 大池 P.80

真福寺卍

多聞院卍

本牧原

本牧元町

多聞院卍

本牧大里町

本牧病院

多聞院卍

南小入口

本牧南小

本牧南

本牧大里町

4

エネオス製油所

神奈川臨海鉄道（貨物線）

産業道路

三溪園

旧燈明寺本堂卍

とんぼの池

本牧市民公園

市民公園前

管理詰所

市民プール前

▼ A ▲ B ▲ C

金沢文庫

周辺図 本書P.2-3

金沢区
市大医学部駅

横浜駅
谷津町
P.77 神奈川県立
金沢文庫 P.77
駅前
金沢町
阿字ヶ池
卍光明院
八角堂称名寺
市民の森
金沢柴町
福浦(3)
ニッツパ
新杉田駅

P.77 称名寺 P.77
八景島入口
紫漁港
柴町

金沢文庫駅
君ヶ崎
寺前
薬王寺
文庫小入口
文庫小
海の公園
柴口駅
海とのふれあいセンター
杉田ゴルフ場
八景島駅
マリンゲート入口

金沢土木
事務所入口
泥亀
スポーツ広場
柴口休憩所

八景島
さん橋
マリンゲート

1

八景小
まつかぜ公園
海の公園
南口休憩所
★海の公園 P.77
金沢八景大橋
メリーゴーラウンド
八景島
アクア
ミュージアム

金沢署前
金沢区役所
海の公園
南口駅

★横浜・八景島
シーパラダイス
P.78

京急本線
金沢署
泥亀
町屋神社
天然寺
金沢小
バーベキュー広場
サーフコースター
八景島マリーナ

安立寺
龍華寺
町屋町
シーパラダイスイン

イオン
16
姫ノ島公園前
神社前
平潟町
洲崎町
金沢漁港
乙舳公園
東京湾

2

琵琶島神社
瀬戸神社 P.77
若草病院
野島公園駅
横浜市

金沢シーサイドライン
帰帆橋
乙舳町

金沢八景駅
平潟湾
旧伊藤博文別荘

金沢区
P.77
★野島公園
横須賀市
0　　　　300m
1:25,000
N

横須賀中央駅

玉川IC
港北
横浜港北JCT
K7
新羽高
専念寺入口
あざみ野駅
北新横浜(1)
北
新
横
浜
駅
生麦JCT
太尾新道
鶴見川

都筑区
新羽
車両基地

新横浜
小机大橋
鶴見川
浅間神社
北新横浜(2)
K7
港北署

第三京浜
新矢之根
港北区
亀の甲橋
首都高速神奈川
7号横浜北線
港北署

3

横浜青葉JCT
二の丸広場
小机城址
小机町
新横浜公園
多目的遊水地
リハビリセンター入口
労災病院北側
横浜アリーナ
品川駅
横浜新横浜線

町田駅
466
横浜上麻生道路
新横浜公園
横浜労災病院
P.109
★新横浜ラーメン博物館
新国際
新横浜プリンス

保土ヶ谷IC
日産スタジアム
コート
スーパー
新横浜(2)
新横浜グレイス

小机駅
駅前
横浜線
スケートセンター
東横イン
フジビュー
新横浜駅

4

新横浜
しんよこはま
周辺図 本書P.2-3
0　　　　300m
1:25,000
N
城郷小
鳥山町
新横浜(1)
環状2号線
相鉄新横浜線
東海道新幹線
篠原局
地下鉄
ブルーライン
篠原中
篠原町

岸根
ニトリ
小田原駅
横浜駅

D　　　　　　　E　　　　　　　F

19

とりはずして使える

MAP

付録 街歩き地図

横浜

おとな旅
プレミアム
PREMIUM

JN026855

 切り取り線

TAC出版

TAC PUBLISHING Gr

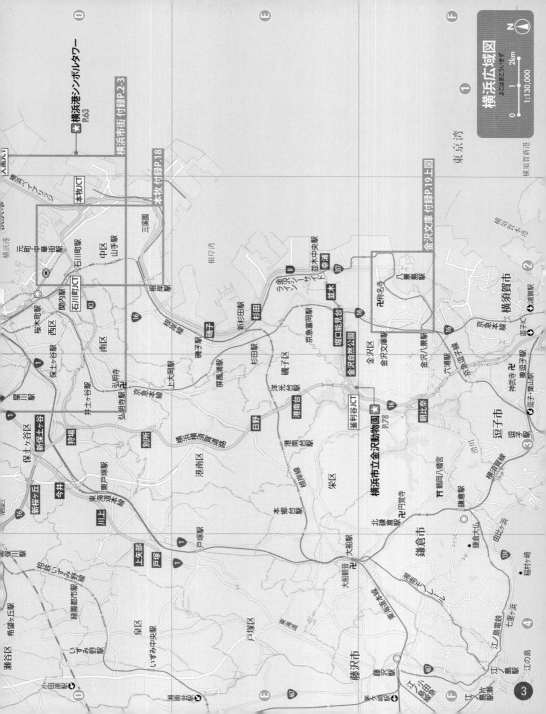

あなただけの
プレミアムな
おとな旅へ！
ようこそ！

ハマという異国文化の響き
街が記憶する遠い日の匂い

よこはまコスモワールドの観覧車や横浜ハンマーヘッドの新施設など港の夜景を彩る

ロマンティックな港の夜を過ごす

横浜の略称「ハマ」には、どこか気取った洋風の響きがある。幕末の開港時ではなく、戦後本牧あたりにアメリカ軍が広めた、ジャズを中心とする風景を喚起する。とはいえこの2つの時代をつなぐ時間軸は確かにある。幕末以来多くの外国人が上陸し、山手と呼ばれる居留地や外国人墓地ができ、中華街が興った。その名残を戦後のアメリカ文化が上書きした。街の色が継承されたといってもいい。今なお、「ハマ」はこの街を語る記号なのだろう。

4

SIGHTSEEING

本格的な
中国料理店や
みやげ物店が
集結している

【横浜中華街】→ P.60

SIGHTSEEING

都市型循環式
ロープウェイで
みなとみらいの
海辺を移動

【YOKOHAMA AIR CABIN】
→ P.27

大パノラマが広がる爽快な海景色

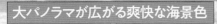

横浜マリンタワーから眺める山下公園周辺

SHOPPING

老舗が集まる元町通りの店。時代を超えて伝統を守る

キタムラ 元町本店 ➡ P.134

GOURMET

素材の味を生かした料理と横浜の景色を一度に満喫

イル ピノーロ スカイテラス
➡ P.97

横浜ベイブリッジの奥に夕日が沈む幻想的な光景

見事な夕映えに息をのむ

異国情緒を残す山手の丘を散策

季節の花が美しく咲く
外交官の家を散策したい

CAFE

かわいい
フォトジェニック
スイーツを
いただきます!

Patisserie Pavlov 元町本店
➡ P.130

栃名寺の浄土式庭園にある
朱色の反り橋に風情を感じる

風流な庭園で穏やかなひととき

おとな旅 プレミアム 横浜 PREMIUM

CONTENTS

歩く・観る

アート・文化

● 本書中のデータは2023年9〜10月現在のものです。料金、営業時間、休業日、メニューや商品の内容などが、諸事情により変更される場合がありますので、事前にご確認ください。

● 本書に紹介したショップ、レストランなどとの個人的なトラブルに関しましては、当社では一切の責任を負いかねますので、あらかじめご了承ください。

● 営業時間、開館時間は実際に利用できる時間を示しています。ラストオーダー(LO)や最終入館の時間が決められている場合は別途表示してあります。

● 営業時間等、変更する場合がありますので、ご利用の際は公式HPなどで事前にご確認ください。

● 休業日に関しては、基本的に定休日のみを記載しており、特に記載のない場合でも年末年始、ゴールデンウィーク、夏期、旧盆、保安点検日などに休業することがあります。

● 料金は消費税込みの料金を示していますが、変更する場合がありますのでご注意ください。また、入館料などについて特記のない場合は大人料金を示しています。

● レストランの予算は利用の際の目安の料金としてご利用ください。Bが朝食、Lがランチ、Dがディナーを示しています。

● 宿泊料金に関しては、「1泊2食付」「1泊朝食付」「素泊まり」は特記のない場合1室2名で宿泊したときの1名分の料金です。曜日や季節によって異なることがありますので、ご注意ください。

● 交通表記における所要時間、最寄り駅からの所要時間は目安としてご利用ください。

● 駐車場は当該施設の専用駐車場の有無を表示しています。

● 掲載写真は取材時のもので、料理、商品などのなかにはすでに取り扱っていない場合があります。

● 予約については「要」(必ず予約が必要)、「望ましい」(予約をしたほうがよい)、「可」(予約ができる)、「不可」(予約ができない)と表記していますが、曜日や時間帯によって異なる場合がありますので直接ご確認ください。

● 掲載している資料および史料は、許可なく複製する

■ データの見方

☎ 電話番号	🚃 アクセス
🏠 所在地	🅿 駐車場
🏛 開館／開園／開門時間	🛏 宿泊施設の客室数
🕐 営業時間	in チェックインの時間
🈺 定休日	out チェックアウトの時間
💰 料金	

■ 地図のマーク

★ 観光・見どころ	H 宿泊施設
卍 寺院	🛈 観光案内所
🏯 神社	♨ 温泉
✝ 教会	🚏 バス停
R 飲食店	
C カフェ・甘味処	
S ショップ	
SC ショッピングセンター	

エリアと観光のポイント
横浜はこんな街です

港に沿うように多彩な魅力が集まる街。
旅の目的に合わせて散策エリアを選びたい。

流行最先端が集まる港町のターミナル
横浜駅周辺 ➡ P.72
よこはまえき

複数のデパートやショッピングモールが集中し、駅の東西に広がる地下街にも多数の店舗が並ぶ。再開発により新しい大型施設が誕生し、買い物にも食事にも便利。

観光のポイント NEWoMan横浜、CIAL横浜、CIAL横浜ANNEX、アソビル、そごう横浜店

現在も進化を続ける人気スポット満載の地区
みなとみらい ➡ P.46

海に面して広がる近未来的なエリア。横浜ランドマークタワーをはじめ、巨大な複合施設や高級ホテルが集まる。新しい商業施設のオープンや斬新な取り組みなど話題満載の最先端シティだ。

観光のポイント 横浜ハンマーヘッド、横浜ランドマークタワー、横浜赤レンガ倉庫

昔ながらの大衆文化が息づく賑やかな繁華街
伊勢佐木町・野毛 ➡ P.70
いせざきちょう・のげ

戦前から横浜屈指の歓楽街として発展し、イセザキ・モール1・2St.が賑わう伊勢佐木町、庶民的な飲み屋が集まる野毛。いずれも下町情緒が漂い、歴史ある老舗も点在する。

観光のポイント 野毛山動物園、イセザキ・モール1・2St.

神奈川区

武蔵小杉

瑞穂橋

小田原駅

小田原駅

東京湾

金沢文庫・金沢八景駅

久里浜駅

横浜ハンマーヘッド

MARINE & WALK YOKOHAMA

横浜港

横浜赤レンガ倉庫

横浜港大さん橋
国際客船ターミナル

関内・山下公園周辺

山下ふ頭

神奈川県庁
本庁舎

山下公園

日本郵船氷川丸

日本
大通り駅

中区役所

横浜
スタジアム

横浜中華街

横浜マリンタワー

元町・中華街駅

横浜関帝廟

横浜大世界 アートリックミュージアム

横浜中華街

港の見える丘公園

川町JCT

石川町駅

元町通り

横浜外国人墓地

元町公園

山手イタリア山庭園

元町・山手

山手公園

中区

根岸線

山手駅

文明開化の面影を残す街並みと港の景色が美しい

関内・山下公園周辺 ➡P.56
かんない・やましたこうえんしゅうへん

明治から昭和初期に建てら
れた西洋建築が随所に残り、
レトロな風情を醸す関内周
辺。横浜港に面した山下公
園は眺めが良く、開放感あ
ふれる雰囲気だ。

**観光の
ポイント** 横浜ハンマーヘッド、山下公園、日本郵船氷川丸、
MARINE & WALK YOKOHAMA

大小の料理店が集まる活気に満ちたグルメタウン

横浜中華街 ➡P.60
よこはまちゅうかがい

東アジア最大規模の中華街。
約200軒の中国料理店のほ
か、中国の食材や雑貨、み
やげ物を扱う店、アミュー
ズメント施設が軒を連ねる。

**観光の
ポイント** 横浜関帝廟、
横浜大世界 アートリックミュージアム

上品な雰囲気に包まれた異国の薫り漂う街

元町・山手 ➡P.62
もとまち・やまて

外国人居留地として栄えた
山手は、高台に洋館や教会
が立ち並ぶ閑静な街。坂の
下には元町通りがあり、洗
練された元町ブランドの発
信地に。

**観光の
ポイント** 元町通り、元町公園、
港の見える丘公園

横浜周辺

風光明媚な海景色
金沢文庫・金沢八景
かなざわぶんこ・かなざわはっけい

大自然と海が広がる郊外エ
リア。横浜・八景島シーパラ
ダイスや横浜市立金沢動物
園など、レジャースポットが
集まる。

➡P.76

近年話題のベッドタウン
武蔵小杉
むさしこすぎ

近年、高層マンションなどが
建設ラッシュの住宅街。駅前
には最新トレンドを押さえ
た大型商業施設が建ち、家族
でのおでかけに人気。

➡P.79

旅のきほん **2**

徒歩散策と公共交通機関を活用

横浜の街を移動する

JRと地下鉄を上手に利用して、主要スポットにアクセス。
名所に立ち寄りながら散歩するのもおすすめ。

　横浜を散策するなら、ターミナルである横浜駅のほか、桜木町駅、元町・中華街駅のいずれかを拠点にするとわかりやすい。横浜ランドマークタワーとクイーンズスクエア横浜にはみなとみらい線みなとみらい駅が直結してる。港周辺は徒歩圏内に駅が点在し、移動もスムーズ。また、桜木町駅からはロープウェイ「YOKOHAMA AIR CABIN」があり、景色を眺めながら移動ができる。広域エリアへは、横浜駅から電車で移動できる。
市内の交通について詳細は
→P.154

横浜広域へのアクセス

武蔵小杉
横浜駅→武蔵小杉駅
横浜駅➡JR横須賀線13分／
東急東横線14分➡武蔵小杉駅

新横浜駅 → 横浜駅
**横浜市営地下鉄
ブルーライン利用●11分**

金沢文庫・金沢八景
横浜駅→金沢文庫駅
横浜駅➡京急本線16分➡金沢文庫駅

横浜駅→金沢八景駅
横浜駅➡京急本線特急18分➡金沢八景駅

横浜駅→八景島駅
横浜駅➡京急本線特急18分➡金沢八景駅➡シーサイドライン7分➡八景島駅

伊勢佐木町・野毛
横浜駅→桜木町駅
横浜駅➡JR根岸線3分➡桜木町駅

横浜駅→関内駅
横浜駅➡横浜市営地下鉄ブルーライン5分➡関内駅

神奈川駅
青木橋　青木通　K1
横羽線
金港JCT　横浜ベイクォーター
シーバス乗り場（横浜駅東口）
そごう横浜店
K2
横浜駅
平沼橋駅
横浜駅東口
とちのき通り西　とちのき通り
みなとみらい線　西区
すずかけ通り
新高島駅
高島町
高島町駅　いちょう通り
K1
西平沼　戸部駅　横浜駅〜桜木町駅
徒歩25分
けやき通
80
みなとみらい　ランドマークタワー
西区役所
西区
YOKOHAMA AIR CABIN乗り場
（桜木町）
京急本線
紅葉坂
桜木町駅
桜木町駅〜元町・中華街駅
徒歩25分
野毛山公園
日ノ出町駅　日ノ出町
218
イセザキ・モール
1・2St
伊勢佐木長者町駅
大通り公園
黄金町駅　阪東橋駅
16　地下鉄ブルーライン
京急本線　大岡川
阪東橋　横浜橋通商店街
吉野町駅　南区　K3

神奈川区

横浜港

横浜周辺へのアクセス

みなとみらい

横浜駅→桜木町駅
横浜駅◐JR京浜東北線3分◐桜木町駅

横浜駅→みなとみらい駅
横浜駅◐横浜高速鉄道みなとみらい線4分◐みなとみらい駅

横浜中華街

横浜駅→元町・中華街駅
横浜駅◐横浜高速鉄道みなとみらい線8分◐元町・中華街駅

関内・山下公園周辺

横浜駅→関内駅
横浜駅◐横浜市営地下鉄ブルーライン5分◐関内駅

横浜駅→日本大通り駅
横浜駅◐横浜高速鉄道みなとみらい線7分◐日本大通り駅

横浜駅→元町・中華街駅
横浜駅◐横浜高速鉄道みなとみらい線8分◐元町・中華街駅

横浜駅→山下公園
横浜駅◐横浜高速鉄道みなとみらい線8分◐元町・中華街駅◐徒歩3分◐山下公園

元町・山手

横浜駅→元町・中華街駅
横浜駅◐横浜高速鉄道みなとみらい線8分◐元町・中華街駅

横浜駅→石川町駅
横浜駅◐JR根岸線7分◐石川町駅

パシフィコ横浜

パシフィコ横浜前

シーバス乗り場（ハンマーヘッド）
YOKOHAMA AIR CABIN乗り場（運河パーク）
サークルウォーク
KOHAMA AIR CABIN
横浜赤レンガ倉庫
シーバス乗り場（ピア赤レンガ）
横浜市役所
横浜港大さん橋 国際客船ターミナル

133 馬車道駅
本町4

山下ふ頭

開港広場前
山下公園
日本郵船氷川丸
シーバス乗り場（山下公園）※休港中

133 日本大通り駅
中区役所
中区
横浜中華街東門
横浜マリンタワー
山下町

関内駅
関内駅
駅南口
横浜スタジアム
横浜中華街
元町・中華街駅
山下橋

K1
横浜公園
石川町
狩場線
K3
港の見える丘公園
新山下

80
石川町JCT
元町
横浜外国人墓地

82
石川町駅
元町通り
山手本通り
元町公園

山手イタリア山庭園
根岸線

山手公園

旅のきほん **3**

港町の賑わいに包まれる行事と四季の花を楽しむ

横浜トラベルカレンダー

開港を祝う催しや、国際色あふれるイベントなど、四季の表情にも
港の文化や情緒を感じる街。海風が吹く土地ならではの気候も覚えておこう。

1月	**2**月	**3**月	**4**月	**5**月	**6**月
一年で最も寒い時期。乾燥するので体調管理に注意しておでかけを。	前月から寒さは続くが早春ならではのイベントが多く催される。	春間近とはいえ朝晩は冷え込むので、寒さ対策を忘れずに。	気温が上がり一気に春に。花をテーマにしたイベントも各種開催。	行事が多い時期。昼夜の温度差があるので、体温調整できる服を。	梅雨に入り雨量が増出かける際は必ずゞのチェックを。

● 横浜の月平均気温（℃）
■ 横浜の月平均降水量（mm）

> 雪はほとんど降らないが、港の浜風が冷たく防寒をしっかりしたい

> 屋外でのイベントや公園散策など、羽織るものを用意すると便利

気温: 6.1 / 6.7 / 9.7 / 14.5 / 18.8 / 21.8
降水量: 64.7 / 64.7 / 139.5 / 143.1 / 152.6 / 188.8

1月中 **初詣** 横浜市成田山は、千葉県にある大本山成田山の別院で、通称「野毛のお不動さん」。三が日は初詣参拝客で賑わう。 **1～3日** **横浜市指定有形文化財鶴翔閣公開** 三溪園の創設者である原三溪の旧宅・鶴翔閣の内部が特別公開される。期間中は日本伝統の音楽なども楽しめる。	**3日** **節分会** 立春の前日に、厄を祓い一年の幸せを祈る伝統行事。 **第1日曜** **ヨコハマ映画祭** 映画ファンと映画人に長く愛され続ける映画祭。毎年2月第1日曜に、関内ホールで開催。 **下旬** **元町チャーミングセール** 毎年2月と9月に開催。詳細はP17を確認。	**下旬～4月上旬** **みなとみらい21さくらフェスタ** 横浜ランドマークタワーからパシフィコ横浜に続くさくら通りが歩行者天国に。 **下旬～4月上旬** **三溪園 桜めぐり** ソメイヨシノ以外にも8種類の桜が順番に咲く時期は三溪園の開園時間が延長され、桜のライトアップが楽しめる。	**上旬** **よこはま花と緑のスプリングフェア** 春恒例の花と緑のイベント。横浜公園では約10万本を超えるチューリップが咲き誇る。 **下旬の土・日曜2日間** **野毛大道芸** 野毛の地元商店主たちが中心となり開催される、日本三大大道芸のひとつ。国内外のパフォーマーたちが集結し芸を披露。	**上旬** **ザ よこはまパレード** 国際色豊かな横浜を盛り上げようと、1953年から始まった国際仮装行列。例年マーチングバンドやダンスチームが多く参加。山下公園から伊勢佐木町まで行列が練り歩く。	**上旬** **横浜開港祭** 臨港パーク及び、みみらい21地区、新潟区、その他周辺で横開港を記念し、開催する市民祭。歌や踊演奏やトークショーなまざまなイベントを開催 **上旬～7月中旬** **横浜フランス月間** フランス文化を楽しむ祭典。横浜各地で、ンサートや展覧会、食セミナーなどが催れる。

横浜中華街の祭り・イベント

2月上旬～2月下旬
春節
中国での旧暦正月。中華街でも爆竹が鳴り響くなか、伝統の獅子舞披露などが行われる。

春分の日
媽祖祭
春分の日に媽祖の開廟を祝う祭り。媽祖をのせた神輿や獅子舞、龍舞などのパレードが盛大に行われる。

↑春節（横浜中華街）

↑よこはま花と緑のスプリングフェア

↑横浜開港祭を盛り上げる横浜開港祭親善大使

⬆媽祖祭（横浜中華街）

⬆みなとみらい21 さくらフェスタ

⬆早朝観蓮会（三溪園）

⬆クリスマスマーケット in 横浜赤レンガ倉庫

7月	**8**月	**9**月	**10**月	**11**月	**12**月
うしい暑さに。日が なり朝から夜までイ ントが楽しめる。	家族で楽しめる野外フ ェスティバルが充実。 日焼け対策を万全に。	暦は秋だが、気温はま だまだ高い。雨量も多 いので傘の準備を。	風が心地よく過ごしや すい季節。夜外出する ときは羽織るものを。	イベントが豊富だが、 冷え込む日もあるので 服装には注意を。	電飾やクリスマスのイ ベントが目白押し。厚 着をして外出しよう。

25.6　27.0　23.7　18.5　13.4　8.7

182.5　139.0　241.5　240.4　107.6　66.4

日差しが強く汗をかく暑 さ。夕方は海からの風が 吹くと涼しく感じることも

夜は冷え込むようにな る。冬物のコートやマ フラーを準備したい

旬～8月上旬の ・日曜、祝日 蓮会	第4土曜 **金沢まつり花火大会**	下旬 **元町チャーミング セール**	週末（日付未定） **横濱 JAZZ PROMENADE**	下旬～12月下旬 **クリスマスマーケット in 横浜赤レンガ倉庫**	1～25日 **横浜山手西洋館 世界のクリスマス**
三溪が好んだ蓮の花。 前7時に開園し、開 ばかりの蓮の花を 賞できる。	横浜の金沢区で開催さ れる花火大会。駅近く の海の公園（→P77）が メイン会場なので横浜 からのアクセスもしや すい。比較的混雑を避 けられる八景島から楽 しむのもおすすめ。	2月に続き開催される、 元町恒例のショッピン グセール。約212店舗 の会員店が参加。お得 に買い物が楽しめる。 中旬 **三溪園 観月会** 三重塔など園内の古建 築がライトアップされ、 日替わりで音楽などを 鑑賞できる。	横浜の秋を彩る日本最 大級のジャズ・フェス ティバル。 31日～11月3日 **馬車道まつり** 開港当時の風景を再現 し、歴史と文化を楽し む祭り。期間中「馬車 道マルシェ」や街角ラ イブなども行われる。	ドイツで始まった伝統 的なクリスマスイベン トを、横浜赤レンガ倉 庫で賑やかに再現。イ ルミネーションで彩ら れた広場にさまざまな 屋台が並ぶ。	山手にある西洋館で、世 界各国のクリスマス装飾 や関連イベントを実施。

起きして楽しみたい

旬～8月上旬 帝誕
暦6月24日、関羽の 誕を祝う中華街の祭 神輿のパレードの か、獅子舞や中国舞 などのパフォーマン ス。

⬆関帝誕（横浜中華街）

1日 **国慶節**
国慶節を祝う中華街の イベント。民族衣装を 披露しながらの慶祝パ レードや慶祝獅子舞な どが行われる。
10日 **雙十節**
中華芸能演技ともにパ レードや獅子舞が行わ れる。

⬆三溪園 観月会

1～30日 **「美食節」横濱中華街 フードフェスティバル**
中華街の各店がコラボ レーションし、イベント などを開催。
上旬～ **春節燈花**
1日は春節燈花の点灯 式。華やかな電飾イル ミネーションが中華街を 彩る。カラフルなランタ ンや提灯も見もの。

⬆横浜山手西洋館 世界のクリスマス

※日程は変動することがありますので、事前にHPなどでご確認ください。

横浜 おとなの1day

明治の開港を機に、世界の文化にふれ進化を
続ける港町へ旅に出る。歴史の街と観光都市の
2つの表情をもつ横浜は、新旧が融合した
独自のスポットが盛りだくさん。

↑最新の大型商業施設などが建つみなとみらい周辺

1dayプラン

9:50 日本大通り駅
↓ 徒歩約5分
　日本大通り駅からシルク
　博物館方面へ歩き山下公
　園へ

10:20 山下公園
↓ 徒歩約15分〜
　山下公園から横浜人形の
　家につながる歩道橋を渡
　り港の見える丘公園へ

11:00 港の見える丘公園
↓ 徒歩約15分〜
　山手本通りを歩き、ベー
　リック・ホールまで5分ほ
　ど。山手イタリア山公園
　へはさらに徒歩10分ほど

12:30 山手イタリア山庭園
↓ 徒歩約10分〜
　坂を降りて、石川町駅前
　を経由して元町交差点へ

14:30 元町通り
↓ 徒歩約5分
　元町通りの東端、元町プ
　ラザから朱雀門を目指す

17:00 横浜中華街
↓ 約5分
　みなとみらい線を利用

19:00 みなとみらい
↓ 徒歩約2分
　横浜ランドマークタワー
　を中心に港夜景を満喫

20:00 みなとみらい駅

外国からもたらされた文化を街角に見る

まずは山下公園へ。元町・山手周辺のレトロな洋館や老舗を訪れる。

フォトスポットが点在する
山下公園 でお散歩

山下公園 ➡P.58
やましたこうえん

昭和5年(1930)に開園した公園。関東大震災のがれきを
埋め立てて造られ、眺望や花壇、記念碑や歌碑など見どこ
ろが多い。横浜ベイブリッジや港を行き交う船の眺め
がロマンティック。

山下公園には
日本郵船氷川丸も!

ザ・ワーフハウス
山下公園 ➡P.57

2023年4月にオープンした山下公園
内の新たな施設には足湯を併設。海
を眺めながらゆっくり過ごせる。

港の見える丘公園 からの
絶景を堪能する

港の見える丘公園 ➡P.64
みなとのみえるおかこうえん

横浜港と横浜ベイブリッジなどが
見渡せる高台の公園。バラをはじ
め、季節の花が咲き誇る庭園の周
囲に、瀟洒な西洋館が立ち並ぶ。

プランニングのアドバイス

山手エリアは坂が多いため、歩きやすい服装や靴がおすすめ。広い庭園や西洋館が点在しているので、事前に見学したい場所を決めておこう。大きな荷物は、元町・中華街駅など駅のコインロッカーに預けて移動すると便利。
ランチは、元町通りや山手にあるカフェやレストランがおすすめ。中華街でディナーのあとは、関内のバーを訪れるのもよい。徒歩で移動でき、夜遅くまで営業しているのもうれしい。雰囲気あるカウンターで、バー発祥の地ならではの限定カクテルが味わえる。

↓洋酒が豊富に並ぶカウンター。夜遅くまで落ち着いて過ごせる(Towser P.124)

元町を歩いて 山手イタリア山庭園 へ

山手イタリア山庭園 ➡P.67
やまてイタリアやまていえん

美しく整備された庭園に季節の花が咲く。外交官の家、ブラフ18番館は落ち着いた空間が広がる。

明るく華やかなサロン(ブラフ18番館)

ベーリック・ホール ➡P.67

戦前から現存する山手外国人住宅で、最大規模の建物。内部のリビングや食堂は当時を忠実に再現している。

元町のストリート で おしゃれなショッピング

世代を超えて愛され続けるブランド

元町通り ➡P.134
もとまちどおり

この地で生まれたブランド店は、高級食器や雑貨、ファッションなど、どこも洗練された雰囲気。

高級感あふれる老舗の食器店

日本最大級の 横浜中華街 で 絶品ディナーを堪能する

横浜中華街 ➡P.60
よこはまちゅうがい

本格的な味わいの高級店から屋台まで、自分のスタイルで店選びを楽しめるのがうれしい。

王道の北京ダックを味わう(横浜中華街 北京飯店)

みなとみらい で 輝く夜景を眺める

展望台にはライブラリを完備

横浜ランドマークタワー ➡P.48/P.52
よこはまランドマークタワー

ロマンティックな雰囲気に包まれるみなとみらいの夜景を観賞。高層階にある展望台からは、きらめく光に包まれた港町を一望できる。

19

1day プラン

| 11:30 | 桜木町駅 |

徒歩約5分
桜木町駅からは動く歩道を利用して、横浜ランドマークタワーの入口まで徒歩約5分

| 11:40 | みなとみらい |

徒歩約30分～
横浜赤レンガ倉庫から象の鼻パークや大さん橋に立ち寄って、山下公園へ

| 14:30 | 山下公園 |

徒歩約15分
象の鼻パークの景色などを楽しみながらピア赤レンガ乗り場へ

| 17:00 | マリーンルージュ |

徒歩約10分
横浜税関などのライトアップを楽しみながら

| 19:00 | 日本大通り駅 |

プランニングのアドバイス

みなとみらいエリアは常に賑わうショッピングスポット。買い物の途中でも、施設内には多数の休憩できるカフェがあるので気軽に立ち寄れる。
海辺は風が強いので、寒い季節の散策や、クルーズなど船に乗るときは服装に注意したい。クルーズ船は、予約が必要なコースもあるので出発前に確認を。夏の花火大会などイベントの時期で混雑が予想される場合は、早めに予約しておこう。

20

爽やかな風を感じる海辺エリアを満喫

みなとみらい地区を散策し、クルーズ船から眺める夜景を心に刻む。

みなとみらい の人気スポットへ

横浜ランドマークタワー
よこはまランドマークタワー　**→P.48/P.52**

69階にある展望台からの眺望は街を見渡せる絶景。ショップや飲食店も充実。

横浜ハンマーヘッド
よこはまハンマーヘッド　**→P.28**

ふ頭にあるハンマーヘッドは貴重な歴史的遺構として近代化産業遺産に認定。

横浜赤レンガ倉庫
よこはまあかレンガそうこ　**→P.52**

歴史を感じる重厚な建物と、目の前に海が広がるロケーション。

MARINE & WALK YOKOHAMA
マリン & ウォーク ヨコハマ　**→P.53**

海沿いの倉庫街に建つオープンモール。おしゃれで開放的な雰囲気。

潮風を感じる憩いの場
山下公園 の散歩道を進む

山下公園　**→P.58**
やましたこうえん

港に沿うように広がる公園。係留されている日本郵船氷川丸は迫力があり、絶好の撮影スポット。海を見ながらベンチで休憩も。

横浜マリンタワー　**→P.59**
よこはまマリンタワー

開港の記念事業として生まれた横浜のシンボル。フロアからの景色は昼も夜も楽しむことができる。

みなとみらいエリアを見渡せる展望台

マリーンルージュ で
ロマンティックな夜を
マリーンルージュ　**→P.42**

横浜港を周航するクルーズ。船上から眺める夜景とともに食事が楽しめるプランは、大人の優雅なひとときを演出。

港の夜景を独り占めしたい!

1day プラン

外国船が来航した開港の足跡を知る

開港の歴史を学ぶ博物館やレトロ建築を巡り、知見を深める。

`10:45` 元町・中華街駅

徒歩約10分〜
中華街に立ち寄るのもおすすめ

`11:00` 日本郵船氷川丸

徒歩約10分〜
山下公園から横浜開港資料館方面へ歩き海岸通りへ

`13:00` 横浜三塔

徒歩約10分〜
横浜市開港記念館から馬車道駅方面に歩く

`15:00` 神奈川県立歴史博物館

徒歩すぐ
馬車道駅ではレンガの壁やドーム型の天井などデザインにも注目したい

`17:00` 馬車道駅

約5分
みなとみらい線を利用

`17:05` 横浜駅

プランニングのアドバイス

博物館や建築物は、開館時間や見学時間を確認しておこう。夜になるとライトアップされる建物やエリアもあり、時間を変えて訪れるのもおすすめ。海岸通り周辺には、古い建物などを利用した雑貨屋やカフェ、レストランが点在。

開港の歴史を知る
日本郵船氷川丸 を見学

日本郵船氷川丸 ➡P.58
にっぽんゆうせんひかわまる

昭和5年（1930）からシアトル航路で活躍した貨客船。船内客室や展示室があり、歴史を感じる資料が並ぶ。

山下公園にも立ち寄りたい

キング、クイーン、ジャック
横浜三塔 を巡る

神奈川県庁本庁舎 ➡P.92
かながわけんちょうほんちょうしゃ

横浜税関 ➡P.89
よこはまぜいかん

横浜市開港記念会館 ➡P.93
よこはましかいこうきねんかいかん

外国船員が、トランプのカードに見立てて名前をつけた横浜三塔。これらを目印に入港したともいわれる建造物を見学したい。

キングの塔（神奈川県庁本庁舎）　クイーンの塔（横浜税関）

ジャックの塔（横浜市開港記念会館）

海岸通りから馬車道を歩き
港の歴史を知る博物館
を訪れる

神奈川県立歴史博物館 ➡P.88
かながわけんりつれきしはくぶつかん

国の重要文化財に指定されている本格的な西洋建築。外観や装飾は圧巻。

トレンド店が駅チカに集合!
横浜駅 でグルメ&みやげ探し

NEWoMan横浜
ニュウマンよこはま
➡P.30

JR横浜駅西口に完成した駅ビル。洗練されたレストランやショップが集まる。

CIAL横浜
シアルよこはま
➡P.32

横浜発祥のチョコレートなど、ご当地ブランドのショップや新業態店が並ぶ最新の駅ビル。

横浜生まれの和菓子店
TERADAYA

ニュース＆トピックス

国内外の新しい文化を受け入れてきた横浜には、最新の施設やホテルが続々誕生している。
港町のレトロな街並みとトレンド最先端のレストランやショップが融合した、個性あふれるエリアを堪能！

2022年12月リニューアル

イベント広場では季節に合わせたイベントが開催され多くの人で賑わう

みなとみらいの景色を楽しめるバルコニーにはソファー席を増設

フードコートのイートインスペースはゆったりとした空間で快適に過ごせる

©2023 YOKOHAMA RED BRICK WARE HOUSE

横浜赤レンガ倉庫 の
大規模改修が完了

横浜の人気観光スポットが開業後初めてのリニューアル。施設内の66店舗のうち、25店舗が新しく出店し、各店舗では横浜モチーフのグッズや店舗限定メニューも販売する。散策の休憩として訪れる人も。

横浜赤レンガ倉庫
よこはまあかレンガそうこ

みなとみらい **MAP** 付録P.10 C-1

➡**P.52**

横浜赤レンガ倉庫店のテーマはFisherman's Wharf。ドナルドダックが点在するマリンテイストの個室や店舗限定のメニューやグッズが人気

エントランスはキャラクターが集まる人気のフォトスポット！

Disney HARVEST MARKET
By CAFE COMPANY

ディズニーハーヴェストマーケットバイカフェカンパニー

「JAPAN LOCAL」をコンセプトにカフェとグッズショップを展開。カフェで提供する季節感じるヘルシーなメニューは、見た目もかわいく写真映えもバッチリ！

☎050-3184-2711 ◷10：00〜21：00（土曜は〜22：00、モーニングメニューは10：00〜11：00）

2023年4月オープン

ザ・ワーフハウス山下公園 で オーシャンビューを楽しむ

山下公園に新しい施設が登場。朝から夜まで営業するカフェ&レストランのほか、横浜みやげを販売するショップも併設。ベイブリッジを望むロケーションで足湯も満喫できる。

ザ・ワーフハウス山下公園
ザ・ワーフハウスやましたこうえん

山下公園 **MAP** 付録P.11D-3
➡P.57

夏は冷水に浸かりながら絶景を楽しめるのも魅力

店内席のほか、潮風を感じながら過ごせるテラス席も用意

ショップでは横浜の人気のみやげを取り揃えている

横浜のシンボル 横浜マリンタワー が パワーアップ!

有料の展望フロアのほか、1～4階には飲食店やオリジナルショップなどがあり入場料は不要。リニューアルで新しくなったイタリアンレストラン「THE TERRACE」で眺望を楽しみながら食事もおすすめ。

横浜マリンタワー
よこはまマリンタワー

山下公園周辺

MAP 付録P.11 F-4 ➡P.59

2022年9月リニューアル

夜は外からのタワーも美しい。LED器具を230個使い夜景を彩る

夜の展望フロアは夜景とアートの融合を楽しめるように

新しい 音楽アリーナ が誕生

約2万人を収容できる世界最大級の音楽アリーナ。音響にこだわり、全席がステージ正面を向き扇型になっているのが特徴。ヒルトン横浜(→P24)が隣接する。

Kアリーナ横浜
ケイアリーナよこはま

🏠なし 🏢横浜市西区みなとみらい6-2-14 🚇みなとみらい線・新高島駅から徒歩5分/JR横浜駅東口から徒歩11分 🅿あり

横浜駅周辺 **MAP** 付録P.2 C-2

2023年9月オープン

会場内には横浜の景色を楽しめるバーラウンジも設置

観光の拠点にぴったりな 街なかホテル が続々誕生

横浜中心部に宿泊施設がオープン。観光に便利な立地はもちろん、客室からの絶景ビューを満喫できるのも魅力。

2023年9月オープン

ヒルトン横浜
ヒルトンよこはま

横浜の街や音楽の余韻に浸れる上質でラグジュアリーな空間。観光にもビジネスにも便利な立地。

世界最大級の音楽アリーナ「Kアリーナ横浜」に隣接するホテル

横浜駅周辺 MAP 付録P.2 C-2

☎045-641-8000 所横浜市西区みなとみらい6-2-13 室339室(全室禁煙) in15:00 out11:00 予算1泊1室朝食付3万2000円〜 交JR横浜駅東口から徒歩11分 P75台(有料)

2023年5月オープン

屋内と屋外にプールを設置。屋外にはジェットバスも用意する

三井ガーデンホテル 横浜みなとみらいプレミア
みついガーデンホテルよこはまみなとみらいプレミア

複合施設・横浜コネクトスクエアの20〜27階に位置。全客室21階以上の高層階で、宿泊者はプールを無料で利用できるのもうれしい。

さまざまな部屋タイプがあり目的にあったプランを選べる

みなとみらい MAP 付録P.6 B-3

☎045-227-1311 所横浜市西区みなとみらい3-3-3 室364室(全室禁煙) in15:00 out11:00 予算1泊朝食付2万円〜 交みなとみらい線・みなとみらい駅から徒歩5分 Pなし

旧横浜市旧市庁舎を保存活用する

OMO7横浜
おもせぶんよこはま

2026年春にOMOブランドのホテルが横浜に誕生。カフェ・レストランを併設したフルサービスホテル。OMO特有の観光をより楽しめるサービスも用意する予定。

2026年春オープン予定

関内 MAP 付録P.10 B-4

所横浜市中区港町1-1-1

2022年6月オープン

天気のよい日には富士山が見え、横浜の眺望を楽しめる客室も魅力的

ウェスティンホテル横浜
ウェスティンホテルよこはま

健康的な食事や、快適な睡眠などを提供し、ウェルネスを追求するホテル。スパやジム、プールもあり、極上のリラックスタイムを過ごせる。

みなとみらい MAP 付録P.6 A-3

☎045-577-0888 所横浜市西区みなとみらい4-2-8 室373室(全室禁煙) in15:00 out12:00 予算1泊1室朝食付4万円〜※料金は時期により変動 交みなとみらい線・みなとみらい駅徒歩6分 P50台(有料)

中華街に ユニークな水族館 が登場

2022年3月オープン

横浜中華街の「チャイナスクエア」内にある占いをテーマにした水族館。開運へと導く開運魚に出会え、運勢によって分けられた6つのゾーンを楽しめる。

横浜開運水族館 フォーチュンアクアリウム
よこはまかいうんすいぞくかん フォーチュンアクアリウム

横浜中華街 **MAP** 付録P.16 B-3

開運うおみくじを引きおみくじに書いてある水槽を巡る

☎なし 所横浜市中区山下町144番地チャイナスクエア3F 営10：00〜17：00 土・日曜、祝日は〜18：00 休無休 交みなとみらい線・元町・中華街駅から徒歩4分 Pなし

最新の プラネタリウム で 美しい星空体験を

2022年3月オープン

横濱ゲートタワー内にある、最新技術を使ったプラネタリウム。プラネタリウム放映中に写真撮影ができるプログラムもありユニークな演出も注目を集める。施設内のカフェでは星をイメージしたメニューを提供する。

コニカミノルタプラネタリアYOKOHAMA
コニカミノルタプラネタリアヨコハマ

新高島 **MAP** 付録P.5 E-4

➡**P.74**

寝転びながらより快適に鑑賞できるプラネットシートも用意

横浜ベイブリッジスカイウォーク が再開

新本牧ふ頭整備事業など横浜港の広報施設としてリニューアルオープン。スカイラウンジでは、大きなクルーズ船が走る姿を間近で見たり、港の景色を眺めながらゆっくり過ごせる。

横浜ベイブリッジスカイウォーク
よこはまベイブリッジスカイウォーク

本牧 **MAP** 付録P.3F-2 ➡**P.60**

2022年6月リニューアル

港の役割を学べる展示などが充実

体験コンテンツが増えた 横浜みなと博物館 で横浜港を知る

VRシアターやシュミレーター体験ができるコンテンツを新しく設置。博物館内にある「柳原良平アートミュージアム」も展示替えをし、リニューアル。

2022年6月リニューアル

横浜みなと博物館
よこはまみなとはくぶつかん
みなとみらい

MAP 付録P.7 C-4

日本丸メモリアルパーク内にある博物館。入口も新しくなった

☎045-221-0280 所横浜市西区みなとみらい2-1-1 営10：00〜17：00（最終入館16：30）休月曜（祝日の場合は翌平日）、メンテナンス日 料博物館500円 交みなとみらい線・みなとみらい駅から徒歩5分 Pなし

2023年3月開通

新幹線アクセスが便利! 東急新横浜線 が開通

☎03-3477-0109（東急お客さまセンター）

東横線や目黒線と新横浜駅を結ぶ新たな「東急新横浜線」が開通。日吉駅から新横浜駅まで直通でつながり、渋谷や目黒からのアクセスがスムーズに。新幹線などの利用が便利になった。

流行最先端を誇る
世界に開かれた港へ

特集 ❖ 新たな歴史を刻む港町

MINATOMIRAI YOKOHAMA STA.

みなとみらい
横浜駅周辺

みなとみらい、横浜駅周辺の進化が止まらない。
商業施設やロープウェイ、コンサートやイベント
ホールの相次ぐ建設ラッシュに目が離せない。

浜風香る港町が
大規模再開発で
大人の街へと
進化する

大規模再開発の波が押し寄せ
新しい港町が始まる

常に新しいものを取り入れ、国際都
市として発展し続けてきた横浜。
開港の歴史を随所に感じる街並み
を残しつつ、今もなお進化を続けて
いる。みなとみらい地区では
「YOKOHAMA AIR CABIN」や
「横浜ハンマーヘッド」の開業を筆
頭に、「横浜赤レンガ倉庫」や「横浜
マリンタワー」などの定番スポット
もリニューアルし生まれ変わった。
横浜駅周辺にはトレンドを牽引する
商業施設が集まり、県内外を問わず
多くの人で賑わう。今後は関内駅周
辺やウォーターフロントの開発が始
まり、ますます注目を集める。

アクセス

羽田空港	新横浜駅
京急空港線 28分	地下鉄・ブルーライン 8〜11分

横浜駅	
JR京浜東北線 3分	みなとみらい線 4分
桜木町駅	みなとみらい駅

特集 ● 新たな歴史を刻む港町

みなとみらいを空中散歩

YOKOHAMA AIR CABIN

ヨコハマ エア キャビン

みなとみらい MAP 付録P.7 E-4

JR桜木町駅前と新港地区
運河パークとのおよそ
630mを結ぶ日本初の都市
型ロープウェイ。高さ40m
からみなとみらいの街並み
を一望でき、夜には街の夜
景と演出照明で近未来的
な雰囲気を楽しめる。

☎045-319-4931 所横浜市中区
新港2-1-2 営10:00～22:00
不定休(公式HPにて要確認) 交
JR桜木町駅から徒歩1分 P なし
➡JR桜木町駅から新港地区へ
スムーズにアクセス

みなとみらい 横浜駅周辺

横浜ランドマークタワーから
のみなとみらいの光景。晴れ渡
る青空とさわやかな海景色が
広がる。話題のエンタメ施設や
商業施設を訪れたい

みなと みらい
MINATOMIRAI

新港ふ頭の歴史を継承する複合施設
横浜ハンマーヘッド

歴史的遺構「ハンマーヘッド」が残る新港ふ頭に、巨大商業施設が誕生。みなとみらいがさらに進化を遂げる。

**3方向を青い海に囲まれて
横浜の文化とトレンドを同時に体感**

横浜港の新港ふ頭に位置する、新港ふ頭客船ターミナル「CIQ施設」、ホテル「InterContinental Yokohama Pier 8」、流行最先端のレストランとショップが集まる商業施設が一体となった複合施設。食がテーマの商業施設には、横浜初出店や新業態を含む飲食店や体験型ショップなどが並ぶ。ほかでは体験できない豊かな港時間を楽しみたい。

横浜ハンマーヘッド
よこはまハンマーヘッド

みなとみらい **MAP** 付録P.7 F-3

☎045-211-8080 ㊟横浜市中区新港2-14-1 ㊟店舗により異なる（各店詳細は公式サイトを要確認） ㊡無休 ㊋みなとみらい線・馬車道駅から徒歩10分 ㊤あり

巨大クレーンが港の象徴に

新港ふ頭の整備は、明治32年（1899）に埋め立てを開始、大正3年（1914）に陸上設備を含め完工した。完工と同じ時期に設置された国内初の港湾荷役専用「ハンマーヘッドクレーン」は、最大50tまで運搬が可能なイギリス製のクレーン。直接船への重量物や鋼材の荷役ができ、当時としては画期的なものであった。関東大震災などの被害を奇跡的に免れたハンマーヘッドクレーンは、2001年に貨物の積み降ろしの役割に幕を閉じた。現在は、経済産業省の近代化産業遺産に認定。

1・2階

SHOPS & RESTAURANTS
ショップ＆レストラン

みなとみらいらしさを体感できる新業態、初出店を含む約25店舗が並ぶ。ここでしか味わえないメニューやサービス、体験などができ、「見て」「食べて」「作って・学んで」「持ち帰る」という横浜の食文化を味わうことができる。港の倉庫をリノベしたかのような空間が広がります。1階と2階をつなぐ吹き抜けの空間にある、「海」をテーマにしたアートオブジェにも注目。

㊤海が目の前の立地。テラスに面したレストランで食事を楽しみたい
㊤館内は広々とした吹き抜けで開放的な空間

2階 ●SHOP&CAFE
世界中のカカオ豆で作る
クラフトチョコレート

VANILLABEANS THE ROASTERY
バニラビーンズ ザ ロースタリー

みなとみらいの街と海が一望できるチョコレート専門店。店舗には工房もあり、カカオ豆の焙煎に力を注いでいる。
☎045-323-9007

㊤世界各国の豆の状態を見ながら焙煎を行うタブレットショコラは20種類以上
㊤おしゃれな店内で作りたてのチョコレートを販売
㊤看板商品のショーコラは生チョコをクッキーでサンドした極上スイーツ

2階 ●SHOP&CAFE
職人がていねいに作った
自慢の生キャラメル

YOKOHAMA CARAMELLABO
ヨコハマ キャラメルラボ

横浜発の生キャラメル専門店。10種類の生キャラメルやプリンなど、工房で作ったものを提供する。
☎045-319-4666

㊤キャラメルラボ特製の濃厚生キャラメルソフト

㊤店内の工房で毎日手作り
㊤横濱生キャラメルをはじめこだわりのキャラメルスイーツを用意

特集●新たな歴史を刻む港町

※感染症対策のため、営業時間が変更となっている場合があります。公式サイトなどで最新の情報をご確認ください。

浜風の吹く港に新しい賑わいが訪れる

YOKOHAMA HAMMERHEAD

2階 ●SHOP&CAFE
おいしさを追求する鎌倉発の愛され銘菓

鎌倉紅谷
Kurumicco Factory
かまくらべにや クルミッコ ファクトリー

鎌倉銘菓でおなじみのクルミッ子を、「見る・味わう・体験する」の3要素で楽しめる。ここだけの限定商品も。
☎045-263-9635

◉自家製キャラメルとクルミを挟み焼き上げたクルミッ子

◉TheFactory'sクルミッ子パフェは併設のカフェで楽しめる

2階 ●RESTAURANT
世界の人々を魅了する伝統あるピッツェリア

アンティーカ
ピッツェリア ダ ミケーレ

1870年ナポリで創業以来、行列が絶えないピッツェリア。小麦粉、トマト、オイル、チーズは本店から直輸入し、魚介を使用した限定メニューも楽しめる。
☎045-226-4770

予約	可
予算	Ⓛ 2500円～ Ⓓ 3500円～

◉マルゲリータボックス3400円。ピッツァマルゲリータ、冷前菜、温野菜がセット。本場ナポリの味を気軽に自宅でも楽しめる

◉ピッツァと合わせて横浜限定メニューやドリンクもどうぞ

InterContinental
Yokohama Pier 8
インターコンチネンタル ヨコハマ ピア エイト

海の上に立つくつろぎの新しい滞在型リゾート

三方を水に囲まれた国内でも希少な海上立地で、低階層の客室が魅力。大きく開く窓からは刻々と移りゆく横浜港の表情を楽しめる。快適な滞在はもちろん、ホテル内のルーフトップやレストラン、バー、スパなどもぜひ利用したい。

☎045-307-1111（ホテル代表）⊕横浜市中区新港 2-14-1 ⊕173室 in 15:00 ⊕12:00 ⊕みなとみらい線・馬車道駅から徒歩10分 Ⓟあり

◉客室から美しい夜景を独り占め

洗練されたスタイルを提案する
NEWoMan横浜

横浜駅から直結しており立ち寄りやすい

大人の好奇心を刺激する、トレンド店が大集合!
新業態や横浜初出店など、特別な店舗を押さえたい。

JR横浜駅西口に開業!
「新しいモノや体験」が盛りだくさん

JR横浜駅直結のJR横浜タワー内に完成した商業施設。1〜10階には115店舗が入居し、ファッション、雑貨、レストランなどが並ぶ。1階は「Discover」、3階は「Beautiful」、10階は「Pleasant time」など各フロアにはコンセプトがあり、上質な大人のためのアイテムを提供する。

NEWoMan横浜
ニュウマンよこはま

横浜駅周辺 **MAP** 付録P.5 D-3

☎03-5334-0550(代表) 所横浜市西区南幸1-1-1 JR横浜タワー 営11:00〜20:00(土・日曜、祝日は10:00〜※店舗により異なる) 休不定休 交各線・横浜駅直結 Pあり

↑JR横浜駅の再開発で誕生したビル。観光客が多く利用するターミナルにあり便利

NEWoMan YOKOHAMA

1-10階
SHOPS & RESTAURANTS
ショップ & レストラン

1〜10階には、トレンド最先端のショップやレストランが集まっている。8〜10階がレストランフロアで新業態や老舗などを合わせて14店舗が並び、バラエティ豊かなメニューを楽しめる。上質なレストランのほか、フードホールもあり、カジュアルな雰囲気なのもうれしい。

↑「大人が楽しめる」がコンセプトのフードホールが人気

↓ランチにおすすめの手軽なメニューを注文できる

10階●RESTAURANT
文化人にも愛された
伝統ある老舗の蒲焼
うなぎと和食 八十八
うなぎとわしょく やそはち

横浜にて100年以上続く割烹蒲焼料亭。上質なウナギと和食を楽しむことができる。大小さまざまな個室を用意。

☎045-311-3788 営11:00〜22:00 (LO21:00) 休NEWoMan横浜に準ずる

予約	可
予算	Ⓛ8000円〜
	Ⓓ1万円〜

↑老舗の味わいを駅近で楽しめる

←秘伝のタレで焼き上げた香ばしい鰻重5430円

6階●RESTAURANT
カジュアルなランチで
神奈川の魅力を再発見
2416 MARKET
PASTA&
にーよんいちろく マーケット パスタアンド

オリジナルレシピで製造した生麺のパスタをメインに、地元の旬の野菜など活用した料理を味わえるダイニング。

☎045-290-2416 営11:00〜20:00(土・日曜、祝日は10:00〜) 休NEWoMan横浜に準ずる

予約	可
予算	Ⓛ1500円〜
	Ⓓ3000円〜

↑ナチュラルな雰囲気の店内でファミリーにも人気

←神奈川県三浦にある「丸清製麺所」の生麺はモチモチで美味

※感染症対策のため、営業時間が変更となっている場合があります。公式サイトなどで最新の情報をご確認ください。

10階 ●RESTAURANT
お肉の楽しみ方を
多様なスタイルで体験

横浜焼肉 kintan
よこはまやきにく キンタン

異国文化の雰囲気漂う焼肉レストラン。ランチではカジュアルに、ディナーでは上クラスの肉とワインでリッチな気分で焼肉を堪能できる。

☎045-287-1129 ◉11:00〜15:00、17:00〜23:00・日曜祝日11:00〜23:00 (休)NEWoMan横浜に準ずる

↪ロースやハラミなどの部位や、高級シャトーブリアンまで用意している

↩まるで美術館の展示室のような店内

↩さまざまなフレーバーを用意しているアロマ生チョコレート

1階 ●SHOP
未知の世界へ旅する
想像を超えるチョコレート

MAISON CACAO
メゾン カカオ

鎌倉発祥のアロマ生チョコレート専門店が横浜駅に登場。アロマ生チョコレートや季節限定のタルトやケーキ、カカオのコスメなどを販売。

☎045-548-6212 ◉11:00〜20:00（土・日曜、祝日は10:00〜） (休)NEWoMan横浜に準ずる

3階 ●CAFE
N.Y.発祥のベーカリー
焼きたてパンをGET

THE CITY BAKERY
ザ シティー ベーカリー

ニューヨーク・ユニオンスクエアに開業した老舗ベーカリー。現地の味を再現したプレッツェルクロワッサンやホットチョコレートが人気。

☎045-534-5206 ◉11:00〜20:00(土・日曜、祝日は10:00〜) (休)NEWoMan横浜に準ずる

↪プレッツェルクロワッサンに卵やツナなどの具材をたっぷり挟んだプレッツェルクロワッサンサンド

6階 ●CAFE
紅茶とクレープの
組み合わせが抜群!

.17 cafe
ドットイチナナ カフェ

神奈川の食材を生地に使用したクレープをメインに販売。紅茶や焼き菓子、テイクアウト用の包みクレープも用意する。

☎045-290-8006 ◉11:00〜20:00(土・日曜、祝日は〜20:30) (休)NEWoMan横浜に準ずる

↪甘いクレープのほかハムやチーズを使った惣菜クレープも用意

4階 ●CAFE
コーヒーを味わえる
有名ブランドカフェ

Ralph's Coffee
ラルフズ コーヒー

世界各国で展開するラルフローレンのカフェ。最高品質の豆を使用したオリジナルブレンドコーヒーや、上品なスイーツが楽しめる。

☎045-534-5156 ◉11:00〜20:00(土・日曜、祝日は10:00〜) (休)NEWoMan横浜に準ずる

↩オリジナルブレンドのコーヒーや紅茶も販売する

↩クマの形がかわいいポロベアクッキー594円

↪ラルフズブラウニー&バニラアイス1045円

6階 ●SHOP
神奈川で愛される
アイテムを揃えるショップ

2416 MARKET
にーよんいちろく マーケット

地元で愛され根付いている雑貨やアパレル、グローサリーなど神奈川の魅力が詰まった商品が並ぶマーケットプレイス。

☎045-322-2416 ◉10:00〜20:00（土・日曜、祝日は〜20:30） (休)NEWoMan横浜に準ずる

↪神奈川の銘酒やクラフトビールが揃う

6階 ●RESTAURANT
地元生産者の情熱が宿る
クラフトビールを堪能

800° DEGREES CRAFT BREW STAND
エイトハンドレッド ディグリーズ クラフト ブリュー スタンド

☎045-290-8005 ◉11:00〜22:00(土・日曜、祝日は10:00〜) (休)NEWoMan横浜に準ずる

湘南唯一の蔵元「熊澤酒造」の湘南ビールや、県内で厳選したクラフトビール、辻堂の「27 COFFEE ROASTERS」とコラボレーションしたスペシャルティコーヒーなどを扱うバースタンド。

↪横浜ならではのオリジナルビールやお酒と合うホットドッグなどのメニューが並ぶ

JR横浜駅西口直結の食の専門店
CIAL横浜

横浜初出店のスイーツやカフェ、みやげなど、フードが充実している商業施設でショッピング。

地下1階には横浜みやげを選べる店が多い

CIAL YOKOHAMA

地元で愛され続ける施設で洗練された横浜の食を味わう

JR横浜タワー内にオープンした商業施設。ショップやレストランが集まるなか、注目は地下3階にある「ハマチカ」。気軽に立ち寄れるフードホールで、大人な雰囲気が漂う。家族連れやデートなどシーンを問わずに訪れやすいフロアだ。

CIAL横浜
シアルよこはま

横浜駅周辺
MAP 付録P.5 D-3
☎045-320-8000 所横浜市西区南幸1-1-1 JR横浜タワー 営10:00〜21:00(店舗により異なる) 休不定休 交各線・横浜駅直結 Pあり

→JR横浜タワー内に完成

→おしゃれなハマチカでお酒や食事を楽しめる

地下3階
バル&キッチンハマチカ

14の店舗が集まる駅近のフードホール。肉料理や寿司、つけ麺、たこ焼きなど誰でもいつでもリーズナブルに楽しめる。

→カジュアルに楽しめるフードホール

地下1階●SHOP
和菓子と洋菓子のコラボレーションが見事
TERADAYA
テラダヤ

カラフルなフルーツを使用した大福が評判の老舗和菓子店。デザインも美しく、ギフトにおすすめ。
☎045-620-0320 営10:00〜21:00 休CIAL横浜に準ずる

→洗練された和菓子店

→みかんをまるごと包み込んだみかん大福

→旬のフルーツを詰め込んだフルーツミックス大福

→甘さ控えめの粒あんとバタークリームをサンドしたバターサンドどら焼き。隠れファンも多い逸品

→イチゴやキウイなどカラフルなフルーツ大福のラインナップ ※ラインナップはシーズンにより変動あり

地下3階ハマチカ●RESTAURANT
国内外のビールを飲み比べしたい
CRAFT BEER TAP⑨
クラフトビールタップナイン

常時9種類のクラフトビールを用意。ちょっとした空き時間にサクッとビールを楽しめる。ランチにはオリジナルカレーも。
☎045-322-7188 営11:00〜23:00(LOフード22:15、ドリンク22:30) 休CIAL横浜に準ずる

→9種類のビールのなかから3種類選べるクラフトビール3種飲み比べセットが人気

地下1階●SHOP
まるで宝石のようなチョコレートをお持ち帰り
BLUE CACAO
ブルーカカオ

カカオの新しいお菓子やジェラートが楽しめる、横浜ゆかりの店「ラ・ベルデュール」が手がけるショコラトリー。
☎045-534-5955 営10:00〜21:00 休CIAL横浜に準ずる

→カウンター席があり、焼き菓子などを楽しめる(上)。チョコレートはもちろん焼き菓子も充実

◀選りすぐりの国産栗を
蒸して丁寧に裏ごしした
和風モンブラン
◀濃厚な味わいが人気
のザッハトルテ

地下1階 ●SHOP
フォトジェニックな
スイーツを堪能

LES ANGES Baie
レザンジュ ベイ

鎌倉で有名な老舗パティスリー。
自慢のモンブランなど美しいデ
ザインのケーキを販売。フィナ
ンシェやクッキーなどの焼き菓
子はみやげにもおすすめ。

☎045-534-5576 ◉10:00～21:00
㉡CIAL横浜に準ずる

地下1階 ●SHOP
甘い香りが漂う
焼きたてのアップルパイ

GRANNY SMITH
APPLE PIE & COFFEE
グラニースミス アップル パイ アンドコーヒー

常時約8種類のアップルパイを
提供する人気店。こだわりのコ
ーヒーと一緒にイートインでも
テイクアウトでも楽しめる。

◀自家製カスタード
がまろやかなイングラ
ンドカスタード(上)。
横浜限定メープルチー
ズアップルパイ(下)

☎045-534-3481
◉10:00～21:00
㉡CIAL横浜に準ずる
➲話題のアップルパ
イ専門店で、週末な
どは特に混み合う

地下3階ハマチカ ●RESTAURANT
あったかおでんで
サクッと飲みたい

ハマチカ酒場
ハマチカさかば

鶏の出汁が染み込んだおでん
と日本酒を楽しめる。自家製
のはんぺんやつくねが人気。
おでんや牛モツ煮込みの定食
はランチにぴったり。

☎045-322-7188 ◉11:00～
23:00(LOフード22:15、ドリンク
22:30) ㉡CIAL横浜に準ずる
➲おでんのほか、酒のあてや締めの
お茶漬けなども用意している

地下3階ハマチカ ●RESTAURANT
おいしいお寿司を
カジュアルに味わう

立ち寿司　おや潮
たちずし　おやしお

職人の握りたてを堪能できる
立ち食い寿司店。タッチパネ
ルで注文できるので一人でも
気軽に立ち寄れる。旬のおす
すめネタがわかる黒板メニュ
ーにも注目したい。

☎045-322-7188 ◉11:00～
23:00(LOフード22:15、ドリンク
22:30) ㉡CIAL横浜に準ずる

◀フードホール内で日本酒やビー
ルを楽しんだあと、締めに寿司を
食べる人も多い

日常を彩るショッピングセンター
CIAL横浜ANNEX
シアルよこはまアネックス

横浜駅周辺 MAP 付録P.5E-2

JR横浜鶴屋町ビル内に完成した
CIALの別館。食の楽しさを通じ
た、豊かなライフスタイルを提
案する飲食店が並ぶ。

☎045-442-9029 ㊟横浜
市神奈川区鶴屋町1-66-9
㊟店舗により異なる
㊝不定休 ㊞各線・横浜駅か
ら徒歩5分 ㊿あり

➲JR横浜駅から歩行者デッキで接続し
ているので移動も便利
➲地域の食を堪能できる
食事処が続々オープン

3階 ●RESTAURANT
居心地のよい空間で
ランチを楽しめる

BISTRO Katsuki
ビストロ カツキ

カジュアルフレンチが味わえ
るビストロ・カフェ。サラダバ
ー、スープバー、ドリンクバー
が付いたランチがおすすめ。

☎045-534-5658 ◉11:00～21:00
(LO20:00) ㉡CIAL横浜ANNEXに
準ずる

➲旬の素材を使用したランチ

3階 ●RESTAURANT
こだわりの銘柄が揃う
角打ちができる酒屋

三河屋
みかわや

創業100年余の老舗酒屋がプロ
デュースする酒専門店。全国の
地酒、地ビール、焼酎、ワイン
をはじめ果実酒などを楽しめる。

☎045-534-8686 ◉10:00～21:
00(LO20:30) ㉡CIAL横浜ANNEX
に準ずる

➲店舗こだわりの日本酒を揃える

横浜美景

異国情緒漂う港町・ヨコハマ

山手&関内
街の記憶をたどる旅

山手の坂を上がると、クラシカルな西洋館が静かにたたずむ。
さわやかな海風に誘われ、ヨーロッパのような街並みを歩く。
今もなお残る、異国文化の足跡を懐古する。

ベーリック・ホール

山手 **MAP** 付録 P.15 D-3　**➡P.67**

山手には多くの西洋館が建ち、静かな街並みに風情を添えている。ベーリック・ホールはその代表的存在で、多彩な装飾を施した外観や内装は一見の価値あり。

手入れの行き届いた庭や草木が美しく、海外を旅しているかのよう

やさしい木洩れ日が差す
山手を代表する洋館

手入れの行き届いた高級感ある雰
囲気の館内（ベーリック・ホール）

凛とした美しい建築にステン
ドグラスが調和する

郷愁を誘う洋館の
見事な建築美に惚れる

外交官の家 ➡P.67

がいこうかんのいえ

山手 MAP 付録P.15 B-3

20世紀初頭、渋谷区南平台に建てられた邸
宅を移築復原したもの。ステンドグラスや
調度品がノスタルジック。

山手資料館 ➡P.66

やまてしりょうかん

山手 MAP 付録P.15 E-3

明治42年（1909）に建造された、横浜市
内に残る唯一の「和洋併設型住宅」であ
る西洋館。館内には、文明開化の時代を
知る貴重な資料が展示されている。

居留地の記憶が
鮮明に記録された洋館

横浜外国人墓地 ➡P.65

よこはまがいこくじんぼち

山手 MAP 付録P.15 E-2

幕末の黒船艦隊来航時、米
軍人を埋葬したことが墓地の
始まり。資料館では埋葬者
の業績を紹介。

丘陵地に静かに眠る
開港ゆかりの偉人が

最期の安寧の地にふさわしい
穏やかな光景が広がる

絵本に登場するようなカラフ
ルでかわいい外観が印象的

横浜中華街 ➡P.60
よこはまちゅうかがい

横浜中華街 **MAP** 付録P.16・17

世界でも指折りの規模を誇るチャイナタウン。極彩色の門や赤い提灯が、賑やかな街に映える。

熱気に満ちた横浜屈指の観光地

航海の安全祈願をする海の神様を祀る横濱媽祖廟

神奈川県立歴史博物館
かながわけんりつれきしはくぶつかん

関内 **MAP** 付録P.10 A-2　➡P.88

明治を代表する建築家、妻木頼黄による旧横浜正金銀行の建物。近代の名建築が並ぶ馬車道に建つ。

特集●横浜美景

重厚感のある建築から街に残るかつての面影を知る

国の重要文化財・史跡に指定されている歴史的建造物

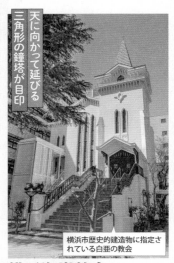

天に向かって延びる三角形の鐘塔が目印

横浜市歴史的建造物に指定されている白亜の教会

横浜海岸教会 ➡P.93
よこはまかいがんきょうかい

大さん橋周辺 **MAP** 付録P.10 C-3

日本人のための最古のプロテスタント教会。ライトアップされた夜の姿も美しい。内部見学は、第3金曜10〜15時(12〜13時は礼拝のため不可)のみ可能。

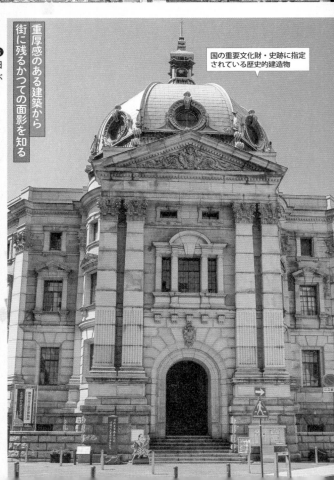

ホテル
ニューグランド

山下公園周辺　**MAP** 付録P.11 E-4 ➡**P.148**

昭和初期の開業以来、横
浜の歴史を見守り続けて
きた。威厳あるたたずまい
には、クラシックホテルの
真髄が感じられる。

国際都市横浜の迎賓館として
世界の要人を迎えている

街とともに歴史を刻む
山下公園の前に立つホテル

「ジャック」の愛称で
親しまれる時計塔がシンボル

山手&関内 街の記憶をたどる旅

横浜港のシンボル
クイーンの塔を見学

横浜税関 ➡**P.92**
よこはまぜいかん

屋根の色は数十年を経て赤銅
色から緑青色に変化してきた

大さん橋周辺 **MAP** 付録P.10 C-2
神奈川県庁本庁舎の「キングの塔」、横浜市開港記
念会館の「ジャックの塔」と並ぶ横浜三塔のひとつ。

横浜市開港記念会館
よこはましかいこうきねんかいかん

関内 **MAP** 付録P.10 C-3 ➡**P.93**

秀麗な建物はもちろん、東南隅にある時
計塔、西南隅にある八角ドームなどレトロ
とモダンが共存する空間が素敵。

港町らしい絵柄が特徴の色鮮
やかなステンドグラスは圧巻

※ 2024 年 3 月末まで
保全改修工事のため休館予定

灯りに浮かぶ港景色に感激

夕闇に包まれ街が輝きだす

みなとみらい地区や重厚な歴史建築が、幻想的な光をまとい
姿を変える。旅の夜を演出する洗練された街のライトアップが
港町のいたるところで行われる、ロマンティックな光景を心に刻む。

厳かな雰囲気を増し
優雅に光る歴史的倉庫

横浜赤レンガ倉庫
よこはまあかレンガそうこ **➡P.52**
みなとみらい **MAP** 付録P.10 C-1
暗闇のなかに浮かび上がるレンガ
色の建物が幻想的。横浜ベイブリ
ッジや大さん橋も望める。

夕闇に包まれ街が輝きだす

ショッピングやグルメ、さまざまなイベントも開催される

ムード満点の港を彩るきらめき

全長860m、本牧ふ頭と大黒ふ頭を結ぶ横浜港のシンボル

レトロなライトが灯る港の夜景を楽しむ名所

横浜ベイブリッジ
よこはまベイブリッジ

本牧 **MAP** 付録P.3 F-2 ➡P.63

日没後にライトアップされ、ロマンティックな横浜港のムードをいっそう盛り上げる。

ぷかりさん橋
ぷかりさんばし

みなとみらい **MAP** 付録P.7 E-3

桟橋前にある階段からは、光り輝くぷかりさん橋を中心に、横浜港全体が見渡せる。

日本初の浮体式ターミナルとして開業した船着場

親しみのあるかわいい西洋建築

館内はカフェとなっており休憩におすすめ

山手十番館
やまてじゅうばんかん

山手 **MAP** 付録P.15 E-3 ➡P.69

昭和42年(1967)に開業した洋風建築。ライトアップされた姿に、当時の面影を偲ぶ。

巨大な船体が輝く山下公園の名スポット

日本郵船氷川丸
にっぽんゆうせんひかわまる ➡P.58

山下公園 **MAP** 付録P.11 F-3

山下公園前に係留されている日本郵船氷川丸のイルミネーション。みなとみらいのビルを背に輝く姿が美しい。

シアトル航路用に建造した貨客船。国の重要文化財に指定

※ 2024年3月末まで
保全改修工事のため休館予定

重厚感が漂う
装いを変える塔の輝き

昼間とは異なる
魅力を放つキングの塔

アール・デコ様式の影響を感じ
させる独自の幾何学模様の装飾

横浜市開港記念会館
よこはましかいこうきねんかいかん

公会堂として利用されてお
り、見学に訪れる人も多い

関内 MAP 付録P.10 C-3 ➡P.93
フルカラーLEDでライトアップされ、イ
ベントの日や記念日には装いを変えた
姿も楽しめる。

神奈川県庁本庁舎
かながわけんちょうほんちょうしゃ

大さん橋周辺 MAP 付録P.10 C-3 ➡P.92
夜間に、横浜三塔のひとつ「キングの
塔」のライトアップが行われている。

横浜の歴史と未来をつなぐ象
徴的な空間として整備された

色とりどりに輝く
芸術的なパネル

象の鼻パーク
ぞうのはなパーク ➡P.58

大さん橋周辺 MAP 付録P.10 C-2
時間によって色が変わるイルミネー
ションパネルが目を引く。背景には
みなとみらいの観覧車やビル群も。

みなとみらい

みなとみらい MAP 付録P.10 B-1（万国橋）
高層ビル群が立ち並び、夜は光にあふれ
るみなとみらい21地区は関東屈指の夜
景スポット。万国橋からの眺めも見事。

夕闇に包まれ街が輝きだす

進化する港町を一望
きらめく近未来の世界へ

日本初、世界最新の都市型循
環式ロープウェイも運行中

海から眺める光り輝く街並み
夜景を楽しむ
贅沢クルーズ

夕暮れに港を出発して、日が暮れていくにつれ
輝きだす街の姿を眺めながら、華やかな料理を
楽しむスペシャルな時間。
忘れられないとっておきの記念日に。

フレンチとともに優雅な時を
マリーンルージュ

みなとみらい **MAP** 付録P.11D-1
日中や夕暮れどき、ディナータ
イムなど、60〜120分の多様な
乗船コースを用意。コース料理
や手軽なブッフェなど、食事付
きのプランも充実している。ディ
ナーコースは「ジャック」「ク
イーン」「キング」の3つの本格
フレンチコースが用意され、約
120分の船旅を楽しむことがで
きる。主要観光スポットの景色
を眺めながらの食事は格別だ。

☎050-1790-7606
所横浜市中区新港赤レンガパーク内
営10:00〜19:00(予約センター)
休無休 交みなとみらい線・日本大
通り駅から徒歩7分 Pなし

おすすめクルーズプラン

●ランチクルーズ7400円〜
●ディナークルーズ1万700円〜
※ほかコースにより異なる

1.山下公園から出発して、横浜ベイ
ブリッジ、扇島、大黒埠頭などをぐ
るりと一周する。みなとみらいの夜
景が美しい　2.心地よい潮風を感じ
るスカイデッキ。横浜ベイブリッジ
を間近に眺められて迫力満点　3.ラ
イトアップされた横浜マリンタワー
4.パーティ会場にもなるダイニング

ふらりと楽しむ海上さんぽ
お気軽プチクルーズへ

さわやかな海風と太陽を
感じる昼間のクルーズ。
1時間程度で横浜港内を
まわるツアーが各船会社で
開催されている。

働く港を海から見学
京浜フェリーボート
横浜港内クルーズ

けいひんフェリーボートよこはまこうないクルーズ

ピア象の鼻から出航し、大さん橋、横浜ベイブ
リッジを巡り、みなとみらい地区をまわってから
戻る約45分のコース。

大さん橋周辺 **MAP** 付録P.10 D-3
☎045-201-0821（9〜17時）
🏠横浜市中区海岸通1ピア象の鼻 運航日時は要確
認 休月・火曜（祝日の場合は営業）料1600円 女
みなとみらい線・日本大通り駅から徒歩4分 Pなし

↑横浜ベイブ
リッジ越しに立
ち並ぶガント
リークレーン
↓約30席が用
意されている
ボート「ゆめは
ま」で出発（左）。
白く端正な印
象の灯台の横
を進む（右）

赤レンガ発の港内の小トリップ
リザーブドクルーズ
赤レンガcaféクルーズ

リザーブドクルーズ あかレンガカフェクルーズ

横浜や都内の人気クルーズ
を手がける運航会社による
ドリンク付きの観光クルー
ズ。赤レンガ倉庫を出発し
て、横浜ベイブリッジなど
を眺めながら約45分間、カ
フェ気分でクルーズできる。

みなとみらい **MAP** 付録P.11 D-1
☎045-290-8377
🏠横浜市中区新港1-1ピア赤レンガ桟橋
休土・日曜、祝日11:30、13:30、14:30、
15:30、16:30出発 休月〜金曜（祝日の場
合は営業）料2500円 女みなとみらい
線・馬車道駅から徒歩10分／各線・桜木町
駅から徒歩15分 Pあり

工場夜景ジャングルクルーズへ行こう！

少し変わった体験をするなら、夜空に輝く京浜工業
地帯の風景を運河から眺めるクルーズが人気。ピア
赤レンガ桟橋から出発し、プラントやタンクなどを
見学する約90分の船旅を楽しめる。

リザーブドクルーズ
工場夜景ジャングルクルーズ
みなとみらい **MAP** 付録P.11 D-1
☎045-290-8377
休16:30〜19:00の間に
出発（季節により異なる）、
運航日程はHPにて確認
料6000円

↑人気の観光地発着なので、ほかの見どころと合わせて計画できる

横浜スカイクルーズ
よこはまスカイクルーズ

みなとみらい **MAP** 付録P.7 E-1

横浜の海と街を
空から見渡す贅沢な時間

横浜の景色をダイナミックに満喫できるヘリコプター遊覧。フライト日は、金～日曜、祝日。搭乗人数は最大3名。貸切飛行のみの運航で、夕暮れどきや日没後の夜景など、コースが選べる。

☎045-223-1155(予約12:00～19:00) ㊙横浜市西区みなとみらい1-7みなとみらい臨時ヘリポート ㊡フライト金～日曜 ㊡月曜(電話予約)、月～木曜(フライト) ㊥2万9800円～(3名まで貸切、コースにより異なる) ㊟みなとみらい線・みなとみらい駅から徒歩15分 ㊟なし

リッチに
カジュアルに
どちらで楽しむ?

↑幻想的な景色が楽しめるトワイライトタイム

横浜の街を見渡す展望体験

日中は海に囲まれた港町、夜には街の灯りを楽しめるアクティビティが豊富。
なかでも上空から絶景を楽しめる人気の2つをピックアップ!

大観覧車
「コスモクロック21」
だいかんらんしゃ「コスモクロック21」

みなとみらい **MAP** 付録P.7D-4

360度の眺望が楽しめる
みなとみらいのシンボル

よこはまコスモワールドにある地上112.5mの高さからみなとみらいの景色を一望できる観覧車。上昇時は横浜ランドマークタワーをはじめとするビル群の景色、頂上を越えるとシービューが広がり横浜ベイブリッジまで見渡すことができる。**よこはまコスモワールド➡P.47**

㊥900円

↑日没後は毎時15分ごとに約6分間のイルミネーション点灯で街を彩る

↑赤レンガ倉庫や山下公園、横浜ベイブリッジなどが見られる海側の景色

↑ゴンドラは60台のうち4台が床までガラス張りのシースルー

↑漆黒の海が街の光を引き立たせる美しい夜景は港町ならでは

↑一周の所要時間は約15分。昼と夜で表情を変えるので2度楽しむのも◎

歩く・観る

青い海と
緑の丘が広がる
国際色
豊かな都市

ペリー来航を機に築かれた、
港町風情が息づく横浜。
話題の最新スポットの隣では、
絶えず船が行き来する。
潮風に吹かれ、海沿いや山手を
散策すれば、人々が継承してきた
異国の文化を体感できる。

流行最先端が集まる輝く港町

みなとみらい

近未来を思わせる関東屈指のウォーターフロント。
最新技術を駆使した体験施設や話題の大型施設、
海風が吹く港の美しい夜景も見どころ。

歩く・観る●みなとみらい

街歩きのポイント

横浜ランドマークタワー周辺と横浜赤レンガ倉庫周辺が街歩きのメイン。それぞれみなとみらい駅と馬車道駅を起点にするとよい。

海沿いの景色を楽しみながら歩くなら、「動く歩道」や「汽車道」がおすすめ。

近未来風の都市景観
港横浜の最先端エリア

ウォーターフロントのみなとみらい地区は明治初頭に埋め立てが始まり、造船所や貨物ヤードの施設が立ち並んでいた。1980年代頃から再開発が行われ、今では大型複合施設や高級ホテル、文化施設などがひしめき合う最先端シティへと変貌を遂げた。横浜ランドマークタワーや横浜赤レンガ倉庫、クイーンズスクエア横浜に代表される洗練されたおしゃれな商業施設が並び、体験型商業施設の横浜ハンマーヘッドなどの注目スポットも次々と誕生。往時の面影を探しながら高層ビル街を散策し、大観覧車とビル群が織りなす横浜の美景を満喫したい。

カップラーメンの世界を知る

カップヌードルミュージアム 横浜

カップヌードルミュージアム よこはま

MAP 付録P.7 E-4

世界初のインスタントラーメン「チキンラーメン」を発明し、「食」の創造に人生を捧げた日清食品創業者・安藤百福の研究や歴史を学べるミュージアム。

☎045-345-0918(10:00〜18:00) 所横浜市中区新港2-3-4 開10:00〜18:00(入館〜17:00) 休火曜(祝日の場合は翌日) 料500円、高校生以下無料(アトラクションは別途) 交みなとみらい線・みなとみらい駅から徒歩8分 Pあり

↑マイカップヌードルファクトリーではオリジナルのカップヌードルを作ることができる

↑インスタントラーメンヒストリーキューブの圧巻の展示

世界の情報をキャッチ
パシフィコ横浜
パシフィコよこはま

MAP 付録P.7 D-2

みなとみらい21にある国内最大級クラスのコンベンション・センター。多様な展示やイベント、コンサートなどを開催。

☎045-221-2155(総合案内) 🏠横浜市西区みなとみらい1-1-1 🕐休🈯イベントにより異なる 🚃みなとみらい線・みなとみらい駅から徒歩5分 Ｐあり

目の前に横浜港が広がる
臨港パーク
りんこうパーク

MAP 付録P.7 D-2

パシフィコ横浜の屋外エリアにある緑地。芝生広場やビル群を望めるアーチ橋など、憩いのスペース。

☎045-221-2155(総合案内) 🏠横浜市西区みなとみらい1-1-1 🕐休🈯散策自由 🚃みなとみらい線・みなとみらい駅から徒歩5分 Ｐあり

横浜駅

★ 臨港パーク P.47

★ パシフィコ横浜 P.47

横浜港

Street
国際大通り
こくさいおおどおり

横浜赤レンガ倉庫のある新港ふ頭に続く大通り。車道は地下トンネルを通過する

P.40 ぷかりさん橋 ★

P.149 🏨ヨコハマ グランド インターコンチネンタル ホテル P.150

🏢横浜ベイホテル東急

MARK IS みなとみらい SC

P.35 LE SALON DE NINA'S クイーンズスクエア横浜店

みなとみらい
横浜ランドマークプラザ SC

P.48

ドックヤードガーデン
P.48 帆船日本丸 ★

P.49

コレットマーレ
P.53 桜木町駅

CIAL桜木町ANNEX
P.47

伊勢佐木町・野毛
→P.70

SC クイーンズスクエア横浜 P.52

★横浜ランドマークタワー
69階展望フロア スカイガーデン

P.47 よこはま
コスモワールド ★

★汽車道 P.49

★YOKOHAMA
AIR CABIN
P.22/P.49

○横浜市役所

クロスゲート
SC 133

馬車道駅

中区

•客船ターミナル
SC 横浜 ハンマーヘッド P.28/P.53

ハンマーヘッド乗り場

SC MARINE & WALK YOKOHAMA P.53

SC 横浜ワールドポーターズ P.52

赤レンガ
パーク

🍴bills 横浜赤レンガ倉庫 P.55

ピア赤レンガ乗り場

🏨 ナビオス横浜
P.150

🍴アニヴェルセル カフェ
みなとみらい横浜 P.54

★横浜赤レンガ倉庫
P.22/P.38/P.49/P.52

新港橋

西区

横浜港

関内・山下公園周辺
→P.56

日本大通り駅

関内駅

山下公園
乗り場

元町・中華街駅

横浜みなとみらい

Ropeway
YOKOHAMA AIR CABIN
ヨコハマ エア キャビン

JR桜木町駅から運河パークまで。ゴンドラに乗り海景色を眺めながら移動できる

桜木町の最新駅ビルへ
CIAL桜木町ANNEX
シアルさくらぎちょうアネックス

MAP 付録P.9 E-2

JR桜木町駅新南口直結の駅ビル。レストラン、カフェ、食料品の各ショップと、鉄道の歴史を紹介した展示施設「旧横濱鉄道歴史展示」からなる商業施設。

☎045-227-8500 🏠横浜市中区桜木町1-1-93 🕐7:00～23:00(店舗により異なる) 休不定休 🚃各線・桜木町駅直結 Ｐ提携駐車場を利用

港を望む都市型遊園地
よこはまコスモワールド

MAP 付録P.7 D-4

約30種類のアトラクションが揃う遊園地。世界最大級の観覧車はエリアのシンボル。

☎045-641-6591 🏠横浜市中区新港2-8-1 🕐11:00～21:00 土・日曜、祝日は～22:00 休木曜 🈯入園無料(アトラクションは別途) 🚃みなとみらい線・みなとみらい駅から徒歩2分 Ｐなし

港を彩る ランドマーク

港を象徴する超高層ビルや、
大型商業施設が集まるJR桜木町駅周辺。
最新鋭の技術とトレンドが凝縮された、
海辺の街歩きを楽しんで。

↑360度のパノラマビューが楽しめる。夜景スポットとしても人気

縦書き：歩く・観る●みなとみらい

① 横浜ランドマークタワー 69階展望フロア スカイガーデン

よこはまランドマークタワー ろくじゅうきゅうかいてんぼうフロア スカイガーデン

MAP 付録P.6 C-4

地上69階から街を一望

高さ273mに位置する展望フロア。横浜の街だけでなく、天気が良ければ富士山や東京スカイツリーも見渡せる。年間を通して、さまざまなイベントを開催。

☎045-222-5030 ⑰横浜市西区みなとみらい2-2-1
⑰10:00～21:00（土曜、そのほか特定日は～22:00）
入場は各閉館30分前まで ⑭無休 ⑭1000円 ⑳各線・桜木町駅から「動く歩道」で徒歩5分 ⑰あり

←←横浜と空に関連した本を2000冊厳選した「横浜・空の図書室」（左）。子どもに人気の空中散歩マップ（上）

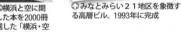

↑みなとみらい21地区を象徴する高層ビル。1993年に完成

立ち寄りスポット

商業施設に広がる重要文化財
ドックヤードガーデン

開港から昭和期まで横浜港の発展に貢献した石造りドック。平成に入り横浜ランドマークタワーの敷地内に再生された。国の重要文化財に指定。

MAP 付録P.6 C-4
⑳各線・桜木町駅から徒歩5分

↑復元された日本最古の商船用石造りドック

② 帆船日本丸

はんせんにっぽんまる

MAP 付録P.6 C-4

帆船の魅力を実物で実感

昭和59年（1984）まで54年にわたり活躍していた練習帆船。延べ183万km、地球45.4周分を航海した。国指定重要文化財として保存・展示されており、船内が見学できる。年12回ほどすべての帆を広げる総帆展帆を実施。

☎045-221-0280 ⑰横浜市西区みなとみらい2-1-1
⑰10:00～17:00（入館は～16:30）⑭月曜 ⑭400円
⑳各線・桜木町駅から徒歩5分 ⑰なし

↑夜は美しくライトアップ

←総帆展帆の日程はHPで確認を

48

P.55 LE SALON DE NINA'S
クイーンズスクエア横浜店 C
R.52 クイーンズスクエア横浜
53 MARK IS みなとみらい SC

★ 臨港パーク P.47
★ パシフィコ横浜 P.47

横浜港

ぷかりさん橋 ★
P.40

● 客船ターミナル P.28/P.53
● 横浜ハンマーヘッド

START
みなとみらい駅

中区

横浜ランドマークタワー
69階展望フロア
スカイガーデン 1
みなとみらい
ドックヤードガーデン P.48

P.47 よこはま
コスモワールド ★

ハンマーヘッド乗り場 ●

MARINE & WALK
YOKOHAMA SC

P.53

P.48

P.48 帆船日本丸 2
R.53 コレットマーレ SC

アニヴェルセル カフェ C
みなとみらい横浜 P.54

横浜 SC
ワールドポーターズ
P.52

bills R
横浜赤レンガ
倉庫 P.55

赤レンガ
パーク

ピア赤レンガ
乗り場 ●

西区

桜木町駅

16

3 汽車道 P.49

SC YOKOHAMA
AIR CABIN P.27/P.49

万国橋

新港橋

横浜
赤レンガ倉庫 4
P.22/P.38/P.49/P.52

N
0   200m

桜木町駅

133

馬車道駅

みなとみらい線

SC クロスゲート P.53
SC CIAL桜木町ANNEX P.47

日本大通り駅 GOAL

歩く時間 ◆ 約40分〜
さんぽルート

大型商業施設が立ち並ぶJR桜
木町駅周辺は、施設内の見どこ
ろはもちろん、グルメやショッ
プも充実している。

みなとみらい駅
◆ 徒歩5分

1 横浜ランドマークタワー
69階展望フロア
スカイガーデン
◆ 徒歩6分

2 帆船日本丸
◆ 徒歩5分

3 汽車道
◆ 徒歩12分

4 横浜赤レンガ倉庫
◆ 徒歩10分

日本大通り駅

※上記の「歩く時間」は施設などの入
口までの目安です。見学時間などは
含みません。

● YOKOHAMA AIR CABINで
空中散歩も楽しめる! P.27
JR桜木町駅と運河パークを結ぶ
ロープウェイ。汽車道の上空をゴ
ンドラが進み、散歩とは異なる景
色を楽しむことができる。

港を彩るランドマーク

---

3 汽車道
きしゃみち

MAP 付録P.7D-4

新港へと続く散策道

桜木町駅から新港地区を結ぶ遊歩
道。臨港鉄道の線路跡を利用して整備され
た。高層ビル群や大観覧車を間近に望
む、絶好の散策路だ。
🅿横浜市中区新港2 🚃各
線・桜木町駅から徒歩6分

⬇人工島と3つの橋で結ばれた歩道

←鉄道の面影も残る

⬇

4 横浜赤レンガ倉庫 P.52
よこはまあかレンガそうこ

MAP 付録P.10 C-1

100年前の面影を伝える

開港以来急速に発展した国際貿易に伴い、
20世紀初頭、当時の最新技術を導入し巨
大な倉庫が完成。現在はショップやレストラ
ン、イベントスペースが揃う複合施設にな
っている。

↪イルミネーション
が広場を飾るクリス
マスマーケット。季
節ごとにさまざまな
イベントを開催

⬇明治44年（1911）から大正2年（1913）に建設された倉庫が、長い歴史を経て現代に蘇った

みなとみらいの人気コンプレックス

みなとみらい地区の大型商業施設には、最新ファッションやレストランが集まる。
話題のスポットでお気に入りを見つけたい。

↑ 物販や飲食、サービス店舗が並ぶ「北仲ホワイト」はレトロな雰囲気

↑ 文化の発信拠点となる施設を誘致する「北仲ブリック」エリア

レトロモダンが調和する

KITANAKA BRICK & WHITE
キタナカ ブリック & ホワイト

MAP 付録P.10A-2

みなとみらい線馬車道駅直結のおしゃれな
文化・商業施設が誕生。ビルボードライブ
横浜などのライブハウス、多彩な飲食店や
スーパー「リンコス」が出店。ダンスハウス
などカルチャースポットも豊富。

☎ 店舗により異なる　所 横浜市中区北仲通5-57-2
営休 店舗により異なる　交 みなとみらい線・馬車道
駅から徒歩1分　P あり

↑ みなとみらいの海を見渡せるオーシャンビューの客室で暮らすように滞在できる

オークウッドスイーツ横浜
オークウッドスイーツよこはま

ザ・タワー横浜北仲の高層
階にあるホテル。横浜の街
並みと海が織りなすパノラ
マビューを贅沢に楽しめ
る。リラックスして滞在を
楽しんで。

☎ 045-211-6111　室 175室
in 15:00　out 11:00

ビルボードライブ横浜
ビルボードライブよこはま

国内3店舗目となる世
界標準のライブレスト
ラン。店内はどの席か
らもステージが近く感
じられる構造になって
いる。

☎ 0570-05-6565　営休 公
演により異なる

↑ 施設エントランス。アー
ティストを間近に感じな
がらパフォーマンスを楽
しんで!

↑ きらびやかな2階層の客席はシャンデリアが輝くラグジュアリーな空間

歩く・観る●みなとみらい

⏷横浜市場食堂はフードコートのように開かれた空間で気軽に利用できる

⏷ウォーターフロントの商業施設に注目。テラスの前を大岡川が流れ、みなとみらいの夜景も楽しめる

横浜新市庁舎内の商業施設

LUXS FRONT
ラクシス フロント

MAP 付録P.9 F-2
横浜新市庁舎の1〜2階に生まれた商業施設。横浜卸売市場直送の食材が味わえる「横浜市場食堂」など、多彩なレストランやカフェ、ショップが入り、横浜みやげも手に入る。

☎店舗により異なる 所横浜市中区本町6-50-10 営休店舗により異なる 交みなとみらい線・馬車道駅直結 Pあり

横浜市場食堂
よこはまいちばしょくどう

横浜市中央卸売市場の食材を生かした食堂。絶品の海鮮グルメがリーズナブルに味わえる。

☎045-228-8890
営11:00〜21:00 休無休
⏷自家製の蕎麦とのセットメニューがおすすめ

Universal Dining ONE
ユニバーサルダイニング ワン

県内の生産者から直接仕入れた新鮮な食材を使った、ストレスフリーなフレンチレストラン。

☎045-211-4464 営11:00〜22:00 休無休
⏷三浦半島の新鮮な魚介を使用したコース

ヨコハマメモリーズ

横浜、湘南、鎌倉限定のお菓子や雑貨など、おみやげから食卓のお供まで購入できるショップ。

☎045-225-9225 営10:00〜20:00(土・日曜、祝日は〜19:00) 休無休
⏷ラム酒に漬け込んだレーズンとホワイトクリームをサブレでサンドしたオリジナル商品

⏶おしゃれなブック＆カフェでカフェメニューを注文してリラックス

HAMARU
ハマル

丸善が展開しているブック＆カフェ。厳選された書籍と雑貨に囲まれた空間でカフェを楽しめる。

☎045-323-9003 営Book10:00〜20:00 CAFE9:00〜19:00(土・日曜、祝日10:00〜18:00) 休無休

みなとみらいの観光やビジネス拠点

横浜ランドマークタワー
よこはまランドマークタワー

MAP 付録P.6 C-4

高さ296m、地上70階建ての超高層複合施設。ホテルやオフィスのほか、ショップやレストランが集まる「ランドマークプラザ」などが入っている。国の重要文化財「ドックヤードガーデン」にも注目。

☎045-222-5015(ランドマークプラザ) 所横浜市西区みなとみらい2-2-1 営11:00～20:00(レストランは～22:00)※一部店舗により異なる 休法定点検日 交各線・桜木町駅から「動く歩道」で徒歩5分 Pあり

◎約160店舗が並ぶランドマークプラザ

◎日本屈指の高さを誇る超高層ビル

レトロモダンな建物に話題の店が並ぶ

横浜赤レンガ倉庫
よこはまあかレンガそうこ

MAP 付録P.10 C-1

100年以上前に建てられた赤レンガ造りの倉庫を利用した文化・商業施設。館内には、ショップやレストラン、カフェなどが並ぶ。横浜限定の商品を扱う店も多い。各種イベントも盛んに行われている。

☎045-227-2002(2号館インフォメーション) 所横浜市中区新港1-1 営10:00～19:00(1号館) 11:00～00(2号館)※店舗により異なる 休無休 交みなとみらい線・馬車道駅から徒歩6分／各線・桜木町駅から徒歩15分 Pあり

◎重厚なたたずまいの赤レンガ倉庫。夜にはライトアップも

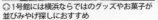

◎1号館には横浜ならではのグッズやお菓子が並びみやげ探しにおすすめ

◎2号館にはアパレルや雑貨などを販売するショップが多く並ぶ

◎エンターテインメント性が高い施設

個性豊かなショップが集結

横浜ワールドポーターズ
よこはまワールドポーターズ

MAP 付録P.7 E-4

ショップ・レストランのほか、シネマやアミューズメントも充実。動物と触れ合える「アニタッチ」やバンダイナムコオフィシャルショップなどが揃い一日中楽しめる。

☎045-222-2000 所横浜市中区新港2-2-1 営10:30～21:00、レストラン11:00～23:00※一部店舗により異なる 休無休 交みなとみらい線・みなとみらい駅から徒歩5分 Pあり

約100店舗が入った巨大モール

クイーンズスクエア横浜
クイーンズスクエアよこはま

MAP 付録P.6 C-3

みなとみらい駅直結の複合施設。グルメやショッピングが楽しめるほか、コンサートホールやホテルなども擁する。また、週末を中心にさまざまなイベントを随時開催。

☎045-682-1000(代表) 所横浜市西区みなとみらい2-3 営11:00～20:00(レストランは～22:00) 休不定休 交みなとみらい線・みなとみらい駅直結 Pあり

◎明るく開放的な造りで移動も便利

歩く・観る●みなとみらい

海沿いの洗練されたオープンモール
MARINE & WALK YOKOHAMA
マリン & ウォーク ヨコハマ

MAP 付録P.7 F-4

セレクトブランドやベイフロントを生かしたテラス席のあるレストランなど、こだわりある全25店舗が立ち並び、まるでひとつの街のよう。海沿いの絶好のロケーションでゆったりとした時が過ごせる。

☎045-680-6101 所横浜市中区新港1-3-1 営11:00〜20:00(レストランは〜22:00)※一部店舗により異なる 休無休 交みなとみらい線・馬車道駅／日本大通り駅から徒歩9分 Pあり

↑心地よい海辺のレストラン

↑ショップが軒を連ねるストリート
↓開放的なアメリカ西海岸の雰囲気を感じられる施設

↑上層階にホテルが入っている

多彩な店舗とホテルの複合施設
クロスゲート

MAP 付録P.9 E-2

JR桜木町駅から徒歩1分の立地。みなとみらいの眺望や輝く夜景が一望できる。3階の屋上庭園をはじめ、15店舗のカフェやレストランが充実している。

☎045-683-3151 所横浜市中区桜木町1-101-1 営店舗により異なる 休不定休 交各線・桜木町駅から徒歩1分 Pあり

↑6階に県内最大級のシネコンがある

高感度なアイテムが勢揃い
MARK IS みなとみらい
マーク イズ みなとみらい

MAP 付録P.6 C-3

みなとみらいエリアらしい、こだわりのあるファッションやライフスタイル雑貨の専門店が集まる。神奈川県初進出のショップもあり、最新のトレンドがわかる。

☎045-224-0650 所横浜市西区みなとみらい3-5-1 営10:00〜20:00(金〜日曜、祝日、祝前日は〜21:00)、レストラン11:00〜23:00 休不定休 交みなとみらい線・みなとみらい駅直結 Pあり

↑地下4階から地上6階の大型商業施設

魅力ある店が集結した大型複合施設
コレットマーレ

MAP 付録P.9 E-1

人気ベーカリーやカフェのほか、こだわりのプレミアムレストランや野毛の名店、中華街の人気店が集う「サクラギ横丁」、老舗の「水信フルーツパーラーラボ」などバラエティ豊かな店が並ぶ。

☎045-222-6500 所横浜市中区桜木町1-1-7ヒューリックみなとみらい 営11:00〜20:00(6F〜22:00、7F〜23:00)※一部店舗により異なる 休不定休 交各線・桜木町駅からすぐ Pあり

↑↓横浜の歴史的遺構「ハンマーヘッドクレーン」がふ頭にたたずむ(上)。商業施設とパークをつなぐハンマーヘッドデッキは展望スポットとしても人気(右)

横浜初や新業態店が多数出店
横浜ハンマーヘッド
よこはまハンマーヘッド

MAP 付録P.7 F-3　→P.28

「食」をテーマにした商業施設や体験型の商業施設、客船ターミナル、ラグジュアリーホテルが一体となった複合施設。ここだけの手作り体験を実施する店舗もある。

横浜屈指の港を見渡す素敵な空間

絶景を望む
レストラン&カフェ

横浜港を望む開放的な店内。夜は光り輝く夜景を
眺めながら、ゆっくり過ごしたい。

水辺の景色と華やぎの空間で
贅沢なランチやカフェを堪能

アニヴェルセルカフェ
みなとみらい横浜

アニヴェルセルカフェ みなとみらいよこはま

MAP 付録P.7 D-4

洗練された店内で大切な人と心躍るひとと
きを過ごせるカフェ。ハッシュドビーフや
サラダなどの料理や華やかなスイーツを楽
しめる。エディブルフラワーで彩られたコ
ース料理など、写真に残したくなる美しい
一皿に。運河を眺めるテラス席も素敵。

☎045-640-5188
所横浜市中区新港2-1-4 営12:00～17:00（LO16:
00）、土・日曜、祝日11:00～21:00（LO20:00） 休
火・水曜 交みなとみらい線・馬車道駅から徒歩
12分／各線・桜木町駅から徒歩12分 Pなし

1.運河に面した開放感抜群のテラス　2.結婚式場
に併設されたカフェ　3.白を基調とした海外リゾー
トのような店内　4.シーズンごとに味わいが変化
するオリジナルハーブティー1089円　5.スプリン
グ フラワー プレート1650円。ピンクをテーマに
した上品でかわいい5種のスイーツが並ぶ

海外セレブから愛される
トレンドの料理が人気

bills 横浜赤レンガ倉庫
ビルズ よこはまあかレンガそうこ

MAP 付録P.10 C-1

シドニー発のオールデイダイニングで、ヘルスコンシャスな料理が人気。開放感あふれる店内には、ガラス張りのテラス席があり、海を望むことができる。『NYタイムズ』にも取り上げられたアボカドトーストや、こだわりのヘルシーメニューが豊富に揃う。

☎045-650-1266
📍横浜市中区新港1-1-2 横浜赤レンガ倉庫2号館1F
🕐9:00～22:00(土・日曜、祝日8:00～、金曜、祝前日は～23:00※LOフード閉店の1時間前 ドリンク閉店の30分前) 休不定休 交みなとみらい線・馬車道駅から徒歩6分/各線・桜木町駅から徒歩15分 Pあり

©Petrina/Tinslay

1.横浜港の爽やかな風を感じるテラス席 2.ショートリブ ヌードル-コリアンダーとビーツのサラダ、四川スパイス2000円 3.billsクラシックメニューのひとつ、アボカドトースト、フレッシュコリアンダーとライム添え1450円 4.赤レンガ倉庫限定のベリーベリーパンケーキ1800円

1.刻々と色が変わる観覧車が間近に見える 2.季節ごとに内容が変わるアフタヌーンティーセット

開放感あふれるテラス席から
みなとみらいの夜景を一望

LE SALON DE NINA'S クイーンズスクエア横浜店
ル サロン ド ニナス クイーンズスクエアよこはまてん

MAP 付録P.6 C-3

フランス生まれのティーブランド「ニナス」の紅茶を優雅に楽しめるサロン。フレーバーティーは、カップに注ぐと豊かな香りが立ち上り、季節のケーキとも相性ぴったり。夜は、大観覧車のイルミネーションを眺めながら、テラス席で料理やお酒を味わいたい。

☎045-682-2740
📍横浜市西区みなとみらい2-3-9 みなとみらい東急スクエア②2F 🕐11:00～22:00(LO21:00) 休不定休 交みなとみらい線・みなとみらい駅直結 Pあり

極上の食材と空間が作る
グラマラスイタリアン

RISTOTANTE OZIO
リストランテ オッツィオ

MAP 付録P.7 D-1

温かみのあるゴールドに、やわらかな色彩を組み合わせたグラマラスで独創的なイタリア料理レストラン。貝殻に包まれた造形のテーブル席は、開放的でありながらプライベート感も演出。現代アートのようなモダン空間で落ち着いた時間を過ごせる個室もある。

☎045-522-0008
(ザ・カハラ・ホテル&リゾート 横浜)
📍横浜市西区みなとみらい1-1-3 ザ・カハラ・ホテル&リゾート横浜14F 🕐7:00～11:00(LO10:00) 11:30～14:30(LO13:30) 17:30～22:00(LO21:00) 休無休 交みなとみらい線・新高島駅から徒歩10分 Pあり

1.夕食のコース「フェリーチェ」1万1880円などシェフが腕を振るう豪華なコース料理 2.特別な日を演出するハイエンドなレストラン

絶景を望むレストラン&カフェ

海と緑に包まれたベイエリア

関内・山下公園周辺

かんない・やましたこうえんしゅうへん

歴史ある山下公園を中心としたエリアでは、
開放感あふれる海岸沿いをゆっくり散策できる。
港を行き交う船の眺めや夜景もロマンティック。

潮風香る海辺の公園を散策し
新旧が調和する港町を肌で感じる

　横浜港に面して緑豊かな山下公園が広が
り、港町横浜の魅力を満喫できるスポット。
横浜で一度は観光したい場所が集まる人気
の観光エリアだ。横浜港大さん橋国際客船
ターミナルの屋上デッキや象の鼻パーク、
山下公園をのんびり散策して、潮風を感じ
ながら船の行き交う港風景に酔いしれたい。
　オフィス街の関内では、大正末から昭和
初期に建てられたレトロな西洋近代建築に
随所で出会える。横浜の開港の歴史を伝え
る記念館や博物館も点在している。

◔ 横浜港を一望する山下公園。日本郵船
氷川丸は、船内を見学することができる

街歩きのポイント

元町・中華街駅を起点に山
下公園から大桟橋へ、海沿
いのさんぽが楽しめる絶好
のコース。

馬車道駅から万国橋通り、
海岸通り、日本大通りをぐ
るりと巡るとレトロ建築が
効率よく見学できる。

歩く・観る●関内・山下公園周辺

56

横浜が誇る大型スタジアム

横浜スタジアム

よこはまスタジアム

MAP 付録 P.10 B-4

通称「ハマスタ」はプロ野球横浜DeNAベイスターズの本拠地であり、アマチュア野球やアメフト、コンサートなども開催。

☎050-5530-5335（横浜スタジアムテレフォンサービス）㊟横浜市中区横浜公園 ㊡㊡イベントにより異なる ㊟各線・関内駅から徒歩2分 ㊅なし

©YOKOHAMA STADIUM

色とりどりのチューリップが見事

横浜公園

よこはまこうえん

MAP 付録 P.10 B-4

日本人に開放された日本で初めての西洋式公園。春には、74品種約10万球のチューリップが訪れる人を楽しませる。チューリップの見頃は4月上旬～下旬。例年4月にチューリップまつりを開催。

☎045-671-3648（横浜市都心部公園担当）㊟横浜市中区横浜公園 ㊡㊡㊡園内自由 ㊟各線・関内駅から徒歩2分 ㊅なし

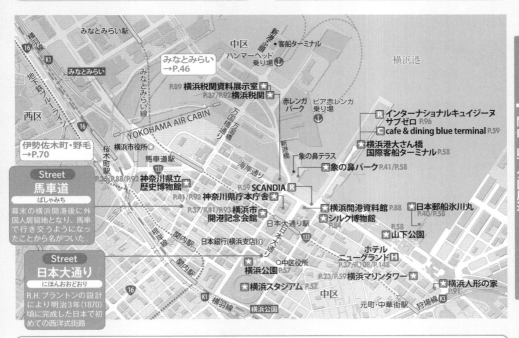

みなとみらい駅

中区

国際橋

客船ターミナル

ハンマーヘッド乗り場

横浜港

みなとみらい駅

西区

みなとみらい
→P.46

K1

みなとみらい線

P.89 横浜税関資料展示室
P.37/P.92 横浜税関

赤レンガパーク

ピア赤レンガ乗り場

YOKOHAMA AIR CABIN

インターナショナルキュイジーヌ サブゼロ P.96

cafe & dining blue terminal P.59

伊勢佐木町・野毛
→P.70

桜木町駅

横浜市役所◎

馬車道駅

象の鼻テラス

横浜港大さん橋
国際客船ターミナル P.58

象の鼻パーク P.41/P.58

Street
馬車道
ばしゃみち
幕末の横浜開港後に外国人居留地となり、馬車で行き交うようになったことから名がついた

P.35/P.88/P.92 神奈川県立歴史博物館
P.41/P.92

SCANDIA P.59 R

神奈川県庁本庁舎 P.37/P.41/P.93

横浜市開港記念会館
P.37/P.108/P.148

横浜開港資料館 P.88

シルク博物館 P.84

日本郵船氷川丸
P.40/P.41

P.58

山下公園

Street
日本大通り
にほんおおどおり
R.H.ブラントンの設計により明治3年(1870)頃に完成した日本で初めての西洋式街路

日本大通り駅

日本銀行(横浜支店)◎

中区役所◎

横浜公園 P.57

横浜スタジアム P.57

横浜マリンタワー P.23/P.59

ホテル
ニューグランド

横浜人形の家 P.91

K1

横羽線

横浜公園

中区

元町・中華街駅

山下公園周辺

関内

山下公園の新名所!

ザ・ワーフハウス山下公園

ザ・ワーフハウスやましたこうえん

MAP 付録 P.11 D-3

横浜の景色を楽しめる山下公園の魅力を最大限に生かしたレストハウス。食事やみやげを購入できるほか、BBQのプランや芝生でピクニックができるセットも用意。

↑カフェでは健康を考えたヘルシーなモーニングを提供

☎045-228-7737 ㊟横浜市中区山下町279 ㊡カフェ9:00～17:00、レストラン17:00～22:00、BBQ11:00～22:00(営業期間4～11月)、足湯11:00～19:00 ㊅足湯無料(17:00～1人300円) ㊡不定休 ㊟みなとみらい線・元町・中華街駅から徒歩7分 ㊅なし

↑山下公園の西側に位置。コインロッカーやトイレも完備

海と緑が続く憩いの場へ

世界とつながる巨大な客船ターミナルや
街の歴史を随所で感じることができる
公園など、穏やかでやさしい横浜の自然を
全身に浴びてリラックス。

⊙ テラスの屋上から眺望を楽しむ

⊙ 明治期の形状に復元した防波堤や夜景が楽しめる「開港の丘」

1 象の鼻パーク
ぞうのはなパーク

大さん橋周辺 **MAP** 付録P.10 C-2

港を見渡すビュースポット

横浜開港150周年記念にオープン。港を望む丘や開放的な広場が整備されている。カフェを併設した象の鼻テラスは休憩スポットとして最適。

☎045-671-2888(横浜市港湾局賑わい振興課) 所横浜市中区海岸通1 開休料園内自由 交みなとみらい線・日本大通り駅から徒歩5分 Pなし

⊙ 防波堤の形が名前の由来

2 横浜港大さん橋国際客船ターミナル
よこはまこうおおさんばしこくさいきゃくせんターミナル

大さん橋周辺 **MAP** 付録P.11 E-1

国内外の大型客船が寄港

明治27年(1894)に完成した日本の海の玄関口で、2002年にデザイン美を兼ね備えたターミナルにリニューアル。天然芝とウッドデッキの屋上広場からは港を一望できる。

☎045-211-2304 所横浜市中区海岸通1-1-4 開出入国ロビー9:00〜21:30、屋上・駐車場内自由 休無休 交みなとみらい線・日本大通り駅から徒歩7分 Pあり
⊙ 3万tクラスの客船は4隻、それ以上は2隻が同時に着岸可能

⊙ 日本を代表するターミナル

⊙ 船の甲板をイメージした屋上

3 山下公園
やましたこうえん

山下公園 **MAP** 付録P.11 E-3

横浜を代表する観光名所

関東大震災のがれきを4年がかりで埋め立て、昭和5年(1930)に開園。数多くの記念碑や国際色豊かなモニュメントが立ち、花々が園内を彩っている。

☎045-671-3648(横浜市都心部公園担当) 所横浜市中区山下町279 開休料園内自由 交みなとみらい線・元町・中華街駅から徒歩3分 Pなし

⊙ 姉妹都市サンディエゴから贈られた水の守護神

4 日本郵船氷川丸
にっぽんゆうせんひかわまる

山下公園 **MAP** 付録P.11 F-3

昭和初期建造の貨客船

当時の最新鋭設備を搭載した貨客船。戦時中も沈没を免れ、長年活躍した。竣工78年の時を経てリニューアルオープン。船内では客室が見学できるほか、歴史を伝える展示エリアも整備。

☎045-641-4362 所横浜市中区山下町山下公園地先 開10:00〜17:00(入館は〜16:30) 休月曜(祝日の場合は翌平日) 料300円 交みなとみらい線・元町・中華街駅から徒歩3分 Pなし
⊙ 2016年、重要文化財に指定

⊙ 機関室も見学することができる

```
N
0    200m
```

赤レンガ
パーク

横浜港

ピア赤レンガ乗り場

P.89 横浜税関
資料展示室 ★

開港の丘
象の鼻テラス
新港橋

R インターナショナルキュイジーヌ
サブゼロ P.96

C cafe & dining blue terminal P.59

2 横浜港大さん橋
国際客船ターミナル P.58

1 象の鼻パーク P.41/P.58

P.37/P.92 横浜税関

1/P.92 神奈川県庁
本庁舎 ★

R SCANDIA P.59

7/P.41/P.93 横浜市
開港記念会館 ★

日本銀行(横浜支店) **START**

日本大通り駅
みなとみらい線
●中区役所

横浜公園 P.57

横浜スタジアム P.57

中区

K1 横浜公園
横羽線

4 日本郵船氷川丸 P.40/P.58

★ シルク博物館 P.84

★ 横浜開港資料館 P.88

3 山下公園 P.58

★ ホテル ニューグランド
P.37/P.108/P.148

P.23/P.59 横浜マリンタワー **5**

GOAL
元町・中華街駅

狩場線 **K3**

★ 横浜人形の家 P.91

歩く時間 ◆ 約30分〜

さんぽルート

象の鼻パークや山下公園など緑
のスポットにはベンチがあり、
休憩に便利。景色を眺めながら
軽食をとるのもおすすめ。

日本大通り駅
◷ 徒歩3分
1 象の鼻パーク
◷ 徒歩8分
2 横浜港大さん橋 国際客船ターミナル
◷ 徒歩10分
3 山下公園
◷ 徒歩1分
4 日本郵船氷川丸
◷ 徒歩5分
5 横浜マリンタワー
◷ 徒歩3分
元町・中華街駅

※上記の「歩く時間」は施設などの入
口までの目安です。見学時間などは
含みません。

海と緑が続く憩いの場へ

---

5 # 横浜マリンタワー
よこはまマリンタワー

山下公園周辺 **MAP** 付録P.11 F-4

横浜のシンボルとして街を見守る

開港100周年を記念して建設され、2022年
9月にリニューアル。1階ギャラリーホールに
は山下清の壁画を展示。展望フロアからの
360度の大パノラマは必見だ。

🏠横浜市中区山下町14-1 🕐10〜22時 🈺無休
💴デイチケット1000円(土・日曜、祝日は1200円)、
ナイトチケット1200円(土・日曜、祝日は1400円)
変更の場合あり 🚃みなとみらい線・元町・中華街駅
からすぐ 🅿️なし

↺ 高さ106mのタ
ワー。2層の展望
フロアがあり、夜
景も素晴らしい

↗ 展望フロアからの眺
望。山下公園と日本郵船
氷川丸が眼下に広がる

大さん橋周辺のベイサイドレストラン&カフェ

ハイカラな街の老舗店

SCANDIA
スカンディヤ

昭和38年(1963)創業の北欧料
理店。名物は前菜7種類と魚・
肉料理5種類、チーズ2種類を
盛り合わせたスモーガスボー
ド。アラカルトも多彩に用意。

大さん橋周辺 **MAP** 付録P.11 D-3

☎045-201-2262 🏠横浜市中区海
岸通1-1 横浜貿易会館ビル1-2F 🕐
11:00(2F日曜17:00)〜22:00 🈺水
曜 🚃みなとみらい線・日本大通り
駅から徒歩2分 🅿️なし

↺ ヒレ肉を挽き、つなぎな
しで焼くハンバーグ3110円

青い海が広がるカフェ

cafe & dining blue terminal
カフェ&ダイニング ブルーターミナル

大さん橋国際客船ターミナル内にあ
るカフェレストラン。三浦産の野菜
をはじめ、地元食材を中心としたメ
ニューを提供。

大さん橋周辺 **MAP** 付録P.11 E-1

☎045-227-8227 🏠横浜市中区海
岸通1-1-4国際客船ターミナル2F
🕐11:00〜20:00(土・日曜、祝日は
21:00) 🈺無休 🚃みなとみらい線・
日本大通り駅から徒歩7分 🅿️なし

↺ 自家製ベーコン
がのった人気の横濱ナポ
リタン

その数およそ200軒!! 熱情チャイナタウン

横浜中華街

よこはまちゅうかがい

最高級の食材を用いたレストランから行列のできる
カジュアルな人気店まで約200店の飲食店が大集合。
日本屈指の中華街は、今日も活気に満ちている。

街歩きのポイント

朝陽門（東門）から善隣門
へ延びる中華街大通りが
メインストリート。

活気あふれる路地裏歩き
は中華街散策の醍醐味。
大通りと各門の位置を把
握しておくと迷わない。

歩く・観る●横浜中華街

開港後、居留地の一角から始まった
東アジア最大級の規模を誇る中華街

世界に数あるチャイナタウンのなか
でも、屈指の規模を持つ横浜の中華
街。その歴史は横浜開港直後に遡り、
欧米各国の商人が、日本人と漢字で
筆談ができる中国人を仲介役として
伴ってきたことに始まる。やがて居留
地の一角に集まり住んだ華僑たちは、
独自の街を形成。今では、わずか
500m四方のエリアに約200軒の中華料
理店がひしめくグルメの街となり、広
東、北京、四川、上海、台湾、香港
など、各地の味を提供している。表通
りの堂々たる高級店から、裏路地にた
たずむ庶民的な食堂まで、その種類は
さまざま。エスニックな雑貨や中華の
食材を売るショップも点在し、異国文
化にふれながら散策するのが楽しい。

⤴中華街大通り入口の善隣門。「中華街」と
記されており呼び名が定着したといわれる

(お役立ちinformation)

最新情報を手に入れる

China Town 80
中華街のインフォメーションセンターで、各種情報
をとりまとめている。
☎045-681-6022 ⚑横浜市中区山下町80
横濱ディアタワー1F ⏰10:00〜19:00（金・土
曜、祝前日は〜20:00）⏹無休 Ｐなし
MAP 付録P.17 F-1

横浜中華街の門(牌楼)と主要ストリート

エリア内には複数の門(牌楼)が立つ。それぞれの特徴や通りの入口の目印としても覚えておきたい。

横浜中華街には現在、大小10基の門(牌楼)がある。東西南北に位置する門には「春夏秋冬」「朝昼暮夜」という陰陽五行に基づく色「青・白・赤・黒」が当てられている。それぞれの門には、青竜・白虎・朱雀・玄武の4つの神獣がモチーフとなり装飾が施されている。

朝陽門 ちょうようもん
東門にあたり、青色の門柱、屋根が特徴的。

延平門 えんぺいもん
西側を守る。柱は白で平和と平安を願う意味がある。

朱雀門 すざくもん
南側を守護する朱雀門。赤色の装飾が施されている。

玄武門 げんぶもん
北側に位置する。黒の装飾と神獣が描かれている。

Gate
善隣門 ぜんりんもん
中華街大通り入口にある門。平和を願う「親仁善隣」を表現する

横浜中華街の飲食店はP.110～

Street
関帝廟通り かんていびょうどおり
パワースポットとして知られる横浜関帝廟がある関帝廟通り

開港道

P.114 横浜中華街 北京飯店 R
P.119 萬珍樓 點心舖 R
重慶飯店 本館 P.110 R
P.111 華正樓 新館
P.117 山東2号店 R
状元樓 P.111 R
P.112 中華菜館 同發本館 R
菜香新館 P.118 R
China Town 80 P.60
P.117 酒家 桃源邨 本店 R
P.116 獅門酒樓 R
P.112 牡丹園 R
福満園別館 P.113 R
景徳鎮本店 P.113 R
P.120 鼎雲茶倉 C
P.112 景珍楼 中華街本店 R
P.121 中国茶藝館 茗香閣 C
P.61 横浜関帝廟 ★
P.117 創作中華料理店 興昌 R
三和楼 P.115 R
京華樓 本館 P.113 R
四五六菜館 新館 P.115 R
P.91 横浜大世界 アートリックミュージアム ★
P.61 横浜媽祖廟 ★
華都飯店 P.114 R
悟空茶荘 P.121 C
横濱バザール P.143 S
キャンドル工房 AotamaTamari P.143 S

長安道 広東道 北門通り 石川町駅 西門通り 福建路 長安道 中山路 香港路 市場通り 北京小路 上海路 南門シルクロード 蘇州小路 媽祖小路

中華街東門
朝陽門
みなとみらい・中華街駅
天長門
山下町公園
中華街局
朱雀門
太平道

横浜中華街

三国志で名高い武将を祀る
横浜関帝廟
よこはまかんていびょう
MAP 付録P.16 C-3

三国志で有名な武将・関聖帝君を祀る。後世になると神格化され、関帝廟における崇拝の中心像として君臨する。主に商売人の守り神として崇敬を集めている。

☎045-226-2636 所横浜市中区山下町140 時9:00～19:00 休無休 料無料 交みなとみらい線・元町・中華街駅から徒歩6分 P なし

○構築部分のほとんどを中国から取り寄せて建築したという

海の安全を守る航海の守護神
横濱媽祖廟
よこはまませびょう
MAP 付録P.17 E-3

航海安全の守護神とされる天上聖母(媽祖)などを祀る。廟堂には5つの香炉があり、決められた順序で参拝を。

☎045-681-0909 所横浜市中区山下町136 時9:00～19:00 休無休 料無料 交みなとみらい線・元町・中華街駅から徒歩3分 P なし

○横浜のパワースポットのひとつとして人気が高い

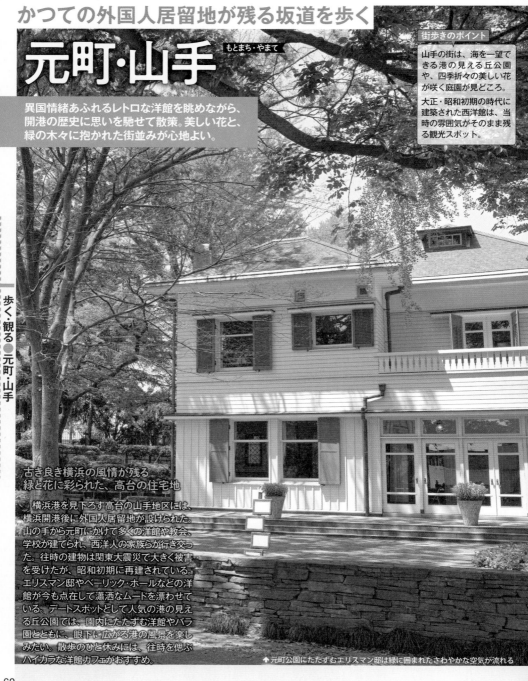

かつての外国人居留地が残る坂道を歩く

元町・山手
もとまち・やまて

異国情緒あふれるレトロな洋館を眺めながら、
開港の歴史に思いを馳せて散策。美しい花と、
緑の木々に抱かれた街並みが心地よい。

街歩きのポイント

山手の街は、海を一望でき
る港の見える丘公園
や、四季折々の美しい花
が咲く庭園が見どころ。

大正・昭和初期の時代に
建築された西洋館は、当
時の雰囲気がそのまま残
る観光スポット。

古き良き横浜の風情が残る
緑と花に彩られた、高台の住宅地

　横浜港を見下ろす高台の山手地区には、
横浜開港後に外国人居留地が設けられた。
山の手から元町にかけて多くの洋館や教会、
学校が建てられ、西洋人の家族らが行き交っ
た。往時の建物は関東大震災で大きく被害
を受けたが、昭和初期に再建されている。
エリスマン邸やベーリック・ホールなどの洋
館が今も点在して瀟洒なムードを漂わせて
いる。デートスポットとして人気の港の見え
る丘公園では、園内にたたずむ洋館やバラ
園とともに、眼下に広がる港の風景を楽し
みたい。散歩のひと休みには、往時を偲ぶ
ハイカラな洋館カフェがおすすめ。

↑元町公園にたたずむエリスマン邸は緑に囲まれたさわやかな空気が流れる

懐かしいおもちゃが集合
ブリキのおもちゃ博物館
ブリキのおもちゃはくぶつかん
MAP 付録P.15 E-3

古い洋館を改装した博物館に、1890年代から1960年代にかけて日本で製造されたブリキのおもちゃや玩具約3000点を展示。

☎045-621-8710 ㊟横浜市中区山手町239-2 ㊙9:30〜17:00 ㊡無休 ㊙200円 ㊋JR石川町駅から徒歩15分 ㊟なし

色とりどりの花が香る
ブラフ99ガーデン
ブラフ きゅうじゅうきゅうガーデン
MAP 付録P.15 E-2

港の見える丘公園に隣接する公園。四季の花を楽しむことができ、散歩で立ち寄りたい。

☎045-671-3648(横浜市都心部公園担当) ㊟横浜市中区山手町99-5 ㊙㊡散策自由 ㊋みなとみらい線・元町・中華街駅から徒歩5分 ㊟あり

Street
元町通り
もとまちどおり

横浜元町のショッピングストリート。オリジナリティあるスタイルのショップが並び、老舗の逸品を見つけたい

Street
山手本通り
やまてほんどおり

緑の多い丘を横断する山手エリアのメインストリート。洋館が並び、しっとりと落ち着いた雰囲気が続く

横羽線
みなとみらい線
元町・中華街駅
K1
P.68 しょうゆ・きゃふぇ元町
P.134 元町通り
アメリカ山公園
・フランス山
・港の見える丘公園 P.64
横浜市イギリス館 P.64
横浜中華街 →P.60
石川町JCT
K3 ・横浜
石川町
元町
ブラフ99ガーデン P.35/P.65
横浜外国人墓地 P.35/P.65
P.69 ティールーム霧笛
大佛次郎記念館 P.64
P.65 岩崎ミュージアム
P.40/P.69 山手十番館
県立神奈川近代文学館 P.64/P.89
元町公園 P.66
山手資料館
亀の橋
P.67 山手イタリア山庭園
P.35/P.67 外交官の家
ブラフ18番館 P.67
ベーリック・ホール P.34/P.67
山手111番館 P.64
ブリキのおもちゃ博物館 P.63
横浜女学院高・中
山手214番館
蓮上寺
横浜共立学園高・中
根岸線
カトリック山手教会 P.66
山手公園
横浜山手聖公会/横浜クライスト・チャーチ P.66
えの木てい 本店 P.68
山手
喫茶エレーナ P.69
エリスマン邸 P.66

石川町駅
村雨橋

元町・山手

本牧エリアへひと足のばして

横浜港シンボルタワー
よこはまこうシンボルタワー

船舶航行のために陸標として使用される、高さ58.5mの白亜のタワー。みなとみらいなどを一望できる展望デッキもある。

本牧 **MAP** 本書P.3 D-1

☎045-622-9600 ㊟横浜市中区本牧ふ頭1-16 ㊙9:30〜17:30(季節により異なる) ㊡無休(公式サイトを要確認) ㊙無料 ㊋JR桜木町駅から横浜市営バス海づり桟橋行きで25分、終点下車、徒歩11分 ㊟あり

♪ 展望台から眺める港の景色は圧巻!

♪ 芝生エリアではイベントなども開催される

本牧山頂公園
ほんもくさんちょうこうえん

広大な土地に緑豊かな自然を残した都市型公園。四季折々の草花や樹木・野鳥観察、眺望なども楽しめる。

本牧 **MAP** 付録P.18 B-3

☎045-622-2766 ㊟横浜市中区和田山1-5 ㊙㊡散策自由(見晴らしcafe9:30〜15:30) ㊋JR山手駅から横浜市営バス222系統で13分、和田山口下車、徒歩3分 ㊟あり(有料)

♪ 見晴らしcafeでは横濱銘菓や軽食、ドリンクなどを販売

♪ ヨコハマヒザクラの原木があり、春には桜の名所として賑わう

横浜ベイブリッジ
よこはまベイブリッジ

全長860mの横浜港のシンボルで、夕日や夜景の名所として人気。併設の「スカイウォーク」は見学施設として開放。開放日は横浜市公式サイトで確認を。

本牧 **MAP** 付録P.3 F-2

スカイウォーク㊟横浜市鶴見区大黒ふ頭1 ㊙11:00〜18:00(最終入場閉館の30分前) ㊡月〜金曜(祝日の場合は開館、公式サイトを要確認) ㊙無料 ㊋JR横浜駅から横浜市営バススカイウォーク前行きほかで約30分、スカイウォーク前下車、徒歩3分 ㊟あり

♪ スカイプロムナードでは港湾物流の様子に注目したい

♪ スカイウォークは横浜ベイブリッジの下に

・ハイカラな散策路
山手・洋館さんぽ
やまて

港の見える丘公園には、山手111番館などの西洋館が点在。
横浜外国人墓地を抜けて石川町駅を目指せば、
最後は山手イタリア山庭園の美しい花々が迎えてくれる。

↑ 港の見える丘公園をはじめ、
一帯は木々や花々が美しい

歩く・観る●元町・山手

ゆるやかな坂道が続く
閑静な街をのんびり歩きたい

　人気が高い山手の散歩は、港の見える丘公園から始めよう。公園内の洋館を見学したあとは、エリスマン邸やベーリック・ホールをはじめとする美しい異人館を訪れて。行く先々には横浜市の花・バラが咲き誇り、ノスタルジックな西洋館を華やかに彩っている。

1 横浜ベイブリッジを望む公園
港の見える丘公園
みなとのみえるおかこうえん

MAP 付録P.15 E-2

横浜を代表するデートスポットのひとつでもあり、横浜随一のバラの名所としても知られる公園。公園からは港が眺められ、きらめく夜景も素晴らしい。

☎045-671-3648(横浜市都心部公園担当)
所横浜市中区山手町114　園園内自由(フランス山地区は夜間閉門)　休無休　料無料　交みなとみらい線・元町・中華街駅から徒歩5分　Pあり

↑ 横浜ベイブリッジを見晴らす公園からの眺め。園内には一年を通して花が咲く

港の見える丘公園内の洋館を訪れる

J.H.モーガン設計の西洋館
山手111番館
やまてひゃくじゅういちばんかん

大正15年(1926)建造。白壁と赤い瓦屋根が美しいスパニッシュスタイルの洋館。

MAP 付録P.15 F-3

☎045-623-2957　園9:30〜17:00　休第2水曜(祝日の場合は翌日)　料無料

↑ 昭和初期の洋館が体感できる

横浜ゆかりの作家を紹介
大佛次郎記念館
おさらぎじろうきねんかん

『鞍馬天狗』『霧笛』などで知られる作家・大佛次郎の愛用品や所蔵品を生かした展示を開催。

MAP 付録P.15 F-2

☎045-622-5002　園10:00〜17:30(10〜3月は〜17:00)入館は各30分前まで　休月曜、ほか臨時休業あり　料200円

↑ アーチ型の屋根と赤レンガ色の外壁が特徴的な洋館

日本の近代文学を知る
県立神奈川近代文学館
けんりつかながわきんだいぶんがくかん

夏目漱石や谷崎潤一郎など神奈川県にゆかりのある文豪たちの書簡や原稿などを展示している。貴重なコレクションも多い。

MAP 付録P.15 F-3　➡P.89

↑公園の南端に立地

広々とした開放的な空間
横浜市イギリス館
よこはましイギリスかん

↷ バルコニーが異人館らしい

昭和12年(1937)に英国総領事公邸として建てられた。コンクリート構造の2階建てで、踊り場の窓からは港が一望できる。

MAP 付録P.15 F-2

☎045-623-7812　園9:30〜17:00　休第4水曜(祝日の場合は翌日)　料無料

2 ファッションとアートのミュージアム

岩崎ミュージアム
いわさきミュージアム

MAP 付録P.15 E-2

ルネサンスやロココ調のドレスを着て記念撮影
（有料）が楽しめる。

☎045-623-2111 **所**横浜市中区山手254 **開**10:00〜
17:00（入館は〜16:30）**休**月曜 **料**300円 **交**みなとみら
い線・元町・中華街駅から徒歩3分 **P**なし

↑日本初の西洋式劇場「ゲーテ座」跡地に建つ

3 外国人が眠る安らぎの場

横浜外国人墓地
よこはまがいこくじんぼち

MAP 付録P.15 E-2

生麦事件の犠牲者など、開港以来日本
で亡くなった多くの外国人が眠る。

☎045-622-1311 **所**横浜市中区山手町96 **開**
12:00〜16:00 **休**月〜金曜、1・8月 **料**墓地保
存募金500円以上 **交**みなとみらい線・元町・中
華街駅から徒歩3分 **P**なし

40カ国以上の外国人が埋葬されている神聖な場所

↑2〜7月・9〜12月の土・日曜、祝日の午後は公開

➡ P.66に続く

歩く時間◆約35分〜

さんぽルート

坂が多い街なので、時間に余裕を
もって歩きやすい靴で散歩に出か
けたい。緑に包まれた落ち着いた
カフェも点在している。

元町・中華街駅
↓ 徒歩5分
1 港の見える丘公園
↓ 徒歩2分
2 岩崎ミュージアム
↓ 徒歩1分
3 横浜外国人墓地
↓ 徒歩2分
4 山手資料館
↓ 徒歩2分
5 山手234番館
↓ 徒歩2分
6 エリスマン邸
↓ 徒歩1分
7 ベーリック・ホール
↓ 徒歩12分
8 山手イタリア山庭園
↓ 徒歩7分
石川町駅

※上記の「歩く時間」は施設などの入口ま
での目安です。見学時間などは含みません。

山手・洋館さんぽ

4 文明開化時代の資料を公開

山手資料館
やまてしりょうかん

MAP 付録P.15 E-3

明治42年(1909)築の和洋併設住宅の洋館部分を移築保存再生した建物で、横浜市認定歴史的建造物。開港当時から関東大震災までの横浜・山手に関する貴重な資料を展示。前庭のバラ園も花の見どころとして親しまれている。

☎045-622-1188
所横浜市中区山手町247 開11:00〜16:00 休月曜(祝日の場合は翌日) 料無料 交みなとみらい線・元町・中華街駅から徒歩8分 Pなし

↑かわいらしい外観や、室内にあるガラス器の展示も必見

「ジェラール水屋敷」元町公園を訪れる

元町公園のプールとせせらぎ広場は、かつてフランス人のジェラールによる日本最初の西洋瓦、レンガの製造工場があり、船舶給水業を営んでいた場所。

山手 **MAP** 付録P.15 E-3

所横浜市中区元町1-77-4 開休料入園自由 交みなとみらい線・元町・中華街駅から徒歩8分 Pなし

↑良質な水が湧き出ていた

---

6 有名建築家による異人館

エリスマン邸
エリスマンてい

MAP 付録P.15 E-3

☎045-211-1101 所横浜市中区元町1-77-4 開9:30〜17:00 休第2水曜(祝日の場合は翌日) 料無料 交みなとみらい線・元町・中華街駅から徒歩8分 Pなし

生糸貿易商社の横浜支配人格であったエリスマンの邸宅。大正15年(1926)に近代建築の父、A.レーモンドの設計により建てられ、元町公園に移築復元された。

↑水平線の強調など、独特の意匠を持つ

---

5 外国人用のアパートメントハウス

山手234番館
やまてにひゃくさんじゅうよんばんかん

MAP 付録P.15 E-3

関東大震災の復興事業のひとつとして、昭和2年(1927)頃に建てられた。1階には再現された居間があり、2階は貸し出しスペースとして、ギャラリーやレクチャールームがある。

☎045-625-9393 所横浜市中区山手町234-1 開9:30〜17:00 休第4水曜(祝日の場合は翌日) 料無料 交みなとみらい線・元町・中華街駅から徒歩7分 Pなし

↑地震や火災に強い造りで賃貸住宅ながらモダンなデザイン

↑昭和50年代まで共同住宅として使用され、その後、公開のため改修された

美しい山手の教会を見る

横浜山手聖公会/横浜クライスト・チャーチ
よこはまやまてせいこうかい/よこはまクライスト・チャーチ

山手 **MAP** 付録P.15 E-3

重厚な大谷石の塔は山手のランドマーク。内部は聖堂とホールが独立しており近代的な造り。

↑J.H.モーガンが設計

カトリック山手教会
カトリックやまてきょうかい

山手 **MAP** 付録P.14 C-3

横浜では稀なゴシック様式の建物。印象的な尖塔は、横浜山手聖公会と並び山手を象徴する建物。

↑昭和に入り再建された

7 J.H.モーガンの傑作建物
ベーリック・ホール

MAP 付録P.15 D-3

イギリス人貿易商、ベーリックの邸宅。現存する戦前の山手外国人住宅のなかでは最大規模で、凝った装飾やスパニッシュスタイルを基調とした意匠など、建築学的にも価値が高い。

☎045-663-5685 所横浜市中区山手町72 ⏰9:30～17:00 休第2水曜(祝日の場合は翌日) 料無料 交みなとみらい線・元町・中華街駅から徒歩8分 Pなし

↑昭和5年(1930)築。約600坪の敷地に建つ

↑フレスコ画の技法を用いた壁の令息の寝室(左)。重厚で趣きのあるダイニング(右)

緑豊かな坂道を歩く

山手の散策コースには、多くの坂がある。もとは西野坂と呼ばれていたフェリス坂は、フェリス女学院高校の通学路となったことから呼び名がついた。新緑の季節の散策におすすめ。

↑緑のトンネルのようなフェリス坂

---

8 バラと輝く噴水の庭
山手イタリア山庭園
やまてイタリアやまていえん

MAP 付録P.14 B-3

明治期にイタリア領事館が置かれていたことからこの名がついた。高台に位置するローズガーデンはバラと眺望を楽しむことができる。

☎045-662-8819 所横浜市中区山手町16 ⏰9:30～17:00 休無休 料無料 交JR石川町駅から徒歩5分 Pなし

↑イタリアで見られる庭園様式を模した庭

↑横浜ベイブリッジなどの街並みを一望

山手イタリア山庭園内の洋館を訪れる

旧カトリック山手教会司祭館
ブラフ18番館
ブラフじゅうはちばんかん

大正末期に建てられ、戦後はカトリック山手教会の司祭館として使われた。当時の元町で制作された横浜家具を復元展示。

MAP 付録P.14 B-3

☎045-662-6318 ⏰9:30～17:00 休第2水曜(祝日の場合は翌日) 料無料

↑鎧戸や上げ下げ窓など、洋館の要素が随所に見られる

ガーディナーの代表作
外交官の家
がいこうかんのいえ

明治43年(1910)、東京・渋谷に建てられた外交官・内田定槌の邸宅を移築復原。アメリカ人設計士J.M.ガーディナーの作。

MAP 付録P.14 B-3

☎045-662-8819 ⏰9:30～17:00 休第4水曜(祝日の場合は翌日) 料無料

↑華やかなアメリカ・ヴィクトリアン様式

山手・洋館さんぽ

緑深く静謐な空気に包まれて
究極のプリンを体験する

しょうゆ・きゃふぇ元町
しょうゆ・きゃふぇもとまち

元町 **MAP** 付録P.15 D-2

山手のエリスマン邸から元町に移転リニューアルした、生プリンとしょうゆパンのカフェ。「恵壽卵との出会いから生まれた」生プリンは、卵の良さを前面に出すにはどうすべきか突き詰めた末に生まれた、見た目にも斬新な逸品。しょうゆの風味豊かなパンもお試しあれ。

☎045-225-8654
所横浜市中区元町1-30 フジタビル2F 営11:00〜17:00
休水曜 交みなとみらい線・元町・中華街駅から徒歩2分
Pなし

1.窓から光が差し込む明るい店内。白を基調としたおしゃれな空間 2.階段を登って2階へ 3.バニラムースの上に卵黄とキャラメルソースをのせた生プリン935円 4.天然もろみと甘露醤油を使い香ばしく焼き上げたしょうゆパン605円

散策途中でひと休み

山手の丘の
レストラン&カフェ

自然あふれる街並みに、懐かしさと心落ち着く空間が見えてくる。甘いケーキとお茶で心が和む。

西洋の情緒漂う優雅な空間で
心癒やされる至福のひととき

えの木てい 本店
えのきてい ほんてん

山手 **MAP** 付録P.15 E-3

赤い屋根と木製の窓枠が特徴的な洋館は日本人建築家が昭和2年(1927)に設計した民家。1階居間をカフェとしてオープンし、自家製ケーキやスコーンを提供。150年以上前のアンティーク家具に囲まれ思い思いの時間を。

☎045-623-2288
所横浜市中区山手町89-6 営12:00〜17:30
(LO17:00)、土・日曜、祝日11:30〜18:00
(LO17:30) 休無休 交みなとみらい線・元町・中華街駅から徒歩10分 Pあり

1.晴れた日はテラス席もおすすめ 2.アールグレイの風味豊かな紅茶のシフォンケーキ748円 3.山手の景色を眺めてティータイム

歩く・観る●元町・山手

港町横浜の風情を感じながら
ゆっくりとお茶を楽しむ

喫茶エレーナ
きっさエレーナ

山手 **MAP** 付録P.14 B-4

昭和50年(1975)に開店した山手
の高台にたたずむ喫茶店。店内の
奥に広がる大きな窓からの眺めは
良く、手作りスイーツと紅茶が至
福のひとときを演出。窓の外から
時折聞こえてくる汽笛に心もほこ
ろぶ。

☎045-662-2723
㊟横浜市中区山手町24 ㊟9:00〜18:00
(LO17:30) ㊡水曜・第1火曜 ㊤JR石川
町駅から徒歩7分／みなとみらい線・元町・
中華街駅から徒歩10分 ㋔あり

1. 横浜港方面の景色が一望できる
2. 一番人気のメニューパンプキンプリン
500円。創業時来の定番スイーツ3. 店主の
服部氏。友人でもあった画家の柳原良平
さんもこの景色を眺めに通った
4. 赤い屋根と白い壁が目印

心地よい雰囲気の喫茶で
開化期の横浜に出会う

ティールーム霧笛
ティールームむてき

山手 **MAP** 付録P.15 F-2

横浜ゆかりの作家・大佛次郎記念
館の1階に店を構える。同店は昭
和53年(1978)に大佛氏の夫人が
開店。店内には愛猫家であった氏
の愛蔵品が展示され、お茶を楽し
みながら鑑賞することができる。

☎045-622-3781
㊟横浜市中区山手町113 大佛次郎記念館
㊟10:00〜18:00(LO17:30) ㊡月曜(祝
日の場合は翌日) ㊤みなとみらい線・元
町・中華街駅から徒歩10分 ㋔なし

1. 創業当時から変わらない自
家製チーズケーキ660円
2. 特徴的な赤いレンガの外観
3. 落ち着いた雰囲気の店内

山手のシンボル的洋館で
往時の懐かしい味に浸る

山手十番館
やまてじゅうばんかん

山手 **MAP** 付録P.15 E-3

ハイカラな明治情緒あふ
れるモスグリーンの外観
が印象的なカフェ。美し
い季節の花と緑に囲まれ、
店内は清閑な落ち着いた
雰囲気に包まれている。
ステンドグラスに彩られ
た窓側席で、とっておき
のティータイムを。

☎045-621-4466
㊟横浜市中区山手町247
㊟11:30〜18:00(LO17:00)
㊡月曜(祝日の場合は翌日)
㊤みなとみらい線・元町・中華
街駅から徒歩5分 ㋔なし

1. 昭和42年(1967)に開業
2. 優雅で気品があふれる店内
3. オーブンで蒸したしっかりと
した食感のプリン・ア・ラ・モー
ド680円

親しみあふれるローカルタウンで過ごす
伊勢佐木町・野毛

いせざきちょう・のげ

長年愛される商店街が続く伊勢佐木町や、
おしゃれな飲み屋やバーが誕生する野毛など、
地元客に溶け込んで買い物や食事を楽しめる。

街歩きのポイント

イセザキ・モール1・2St.
で昭和風情が色濃く残る
老舗巡りを楽しもう。新
たな趣味が見つかるかも。
野毛の飲み屋やバーは、
夕方からの営業が多い。
裏路地を歩きながらお気
に入りの店を探したい。

⬆ イセザキ・モール1・2St.は地元客にも人気の老舗商店街。ぶらぶらしているだけでも楽しい!

昔ながらの商店街を歩き 下町情緒や温かみを感じる

　伊勢佐木町と野毛は、懐かしい下
町の横浜に出会えるエリア。伊勢佐木
町は明治期から商店や料理屋、芝居
小屋の集まる庶民の街で、のちに横
浜随一の歓楽街に発展。歩行者天国
の商店街、イセザキ・モールを歩けば、
今どきのショップの隣に昔ながらの老舗
商店や喫茶店が並び、往時の面影が
感じられる。大岡川の北側に広がる野
毛は、昭和レトロな飲み屋街があり
ディープな雰囲気。最近ではおしゃれ
なビストロやバーも増えている。

市民が憩うオアシス

大通り公園

おおどおりこうえん

MAP 付録P.12 C-2

運河があった地を埋め立て
て建設した緑と水辺が心地
よい公園。波や流氷をイメー
ジしたタイルやオブジェが
点在している。1年を通して
さまざまなイベントを開催。

☎ 045-671-3648(横浜市都心部
公園担当) 📍横浜市中区長者町
5-55-2 🕐休料園内自由 🚉各
線・関内駅からすぐ 🅿なし

野毛

P.81 掃部山公園 ★
P.71 伊勢山皇大神宮 ⛩
P.71 横浜成田山 卍
P.71 ★横浜にぎわい座
P.71 野毛山動物園 ★
P.71 野毛山公園 ★
P.139 イセザキ・モール1・2St. S
P.70 大通り公園 ★
P.138 横浜橋通商店街 S

Street
ハーモニカ横丁
はーもにかよこちょう

大岡川に沿って立ち並ぶ飲み屋街、焼鳥やおでんのおいしい店が集まる

Underpass
日ノ出町高架下
ひのでちょうこうかした

京急日ノ出町駅〜黄金町駅の高架下に飲食店やアートスポットが生まれ、新たしい観光エリアとなっている

Street
イセザキ・モール
いせざき・もーる

歩行者天国が長く続くショッピングストリート。国際色豊かなショップが並ぶ

御祭神は天照大御神
伊勢山皇大神宮
いせやまこうたいじんぐう

MAP 付録P.8 C-2

明治3年(1870)に創建された横浜の総鎮守。「関東のお伊勢さま」として親しまれる。

☎045-241-1122 🏠横浜市西区宮崎町64 🕐境内自由 🚃各線・桜木町駅から徒歩10分 🅿あり

別名「野毛のお不動さん」
横浜成田山
よこはまなりたさん

MAP 付録P.9 D-2

大本山成田山新勝寺の別院として、明治3年(1870)に開創した。御本尊は徳川家累代の秘仏であった理源大師御作の不動尊。

☎045-231-4935 🏠横浜市西区宮崎町30 🕐境内堂内自由 🚃各線・桜木町駅から徒歩10分 🅿あり

伊勢佐木町・野毛

横浜の街並みを見晴らす
野毛山公園
のげやまこうえん

MAP 付録P.8 B-3

みなとみらい地区を眼下に望む、高台の公園。野毛山動物園と合わせて約250本の桜が植えられ、多品種のバラが咲くバラ園も見事。

☎045-231-1307 🏠横浜市西区老松町63-10 🕐園内自由 🚃京急・日ノ出町駅から徒歩10分 🅿なし

丘陵地にある動物園
野毛山動物園
のげやまこうえん

MAP 付録P.8 B-3

ライオンやキリンなど人気の動物をはじめ、約80種の動物を飼育。昭和26年(1951)に開園した動物園。

☎045-231-1307 🏠横浜市西区老松町63-10 🕐9:30〜16:30(入園は〜16:00) 🕐月曜(祝日の場合は翌日) 💴無料 🚃京急・日ノ出町駅から徒歩10分 🅿なし

野毛で体感する笑いと人情
横浜にぎわい座
よこはまにぎわいざ

MAP 付録P.9 D-2

落語や漫才など大衆芸能を楽しめる専門館。月の前半は毎日、日替わりで公演を開催。

☎045-231-2525 🏠横浜市中区野毛町3-110-1 🕐10:00〜22:00 🕐月2回(公式サイトを要確認) 💴公演により異なる 🚃各線・桜木町駅から徒歩3分 🅿なし

日々進化するターミナル駅を訪れる

横浜駅周辺
よこはまえきしゅうへん

数多くの鉄道が乗り入れる巨大ターミナル。
大人の遊び心を満たしてくれる、最新レストランや
ショップが勢揃いする商業施設を巡りたい。

↻ 横浜駅を取り囲むように商業施設が集まる。駅直結のショッピングエリアが豊富

歩く・観る　横浜駅周辺

街歩きのポイント

横浜駅の西口や東口に点在する商業施設が便利。新高島周辺の新しいエンタメ施設にも注目。

横浜駅周辺の大型商業施設は、駅直結や連絡通路で結ばれているなどアクセスが便利。

大規模再開発で進化を続ける商業施設が集まる一大都市

　JRや東急東横線など6社が乗り入れる巨大ターミナルの横浜駅。横浜タカシマヤやそごう横浜店など、多彩なジャンルのデパートやモールが集結し、幅広い年齢層の買い物客で賑わう。ウォーターフロントに位置する横浜ベイクォーターには、水辺を眺めながらくつろげるカフェやレストランのテラス席が人気。西口にはNEWoMan横浜やCIAL横浜などのトレンドを発信する商業施設が集まる。2023年には音楽に特化したKアリーナ横浜が開業。駅周辺では開発が続けられており、今も進化の途中だ。

観光information

横浜駅観光案内所を活用

横浜駅直結のJR横浜タワー内に観光案内所が設置されている。ベテランスタッフが、横浜周辺の観光名所や宿泊施設、交通案内などの情報を提供してくれる。

MAP 付録P.5 D-3

☎045-620-9926　㊟横浜市西区南幸1-1-1 JR横浜タワー2F　🕐10:00〜17:00　㊡無休

撮影:奥村浩司(Forward Stroke Inc.)

シーバスで海上を移動する

横浜駅東口には、主要な観光スポットで乗り降りできるシーバスがある。横浜赤レンガ倉庫へ向かう便や、ハンマーヘッドを経由する便など、渋滞もなく快適に移動できる。

MAP 付録P.5 F-3

☎045-453-7047(横浜駅東口)　㊟横浜市神奈川区金港町1-10 横浜ベイクォーター2F　🕐横浜駅東口発10:00〜18:00(日中1時間に約3便)　㊡無休

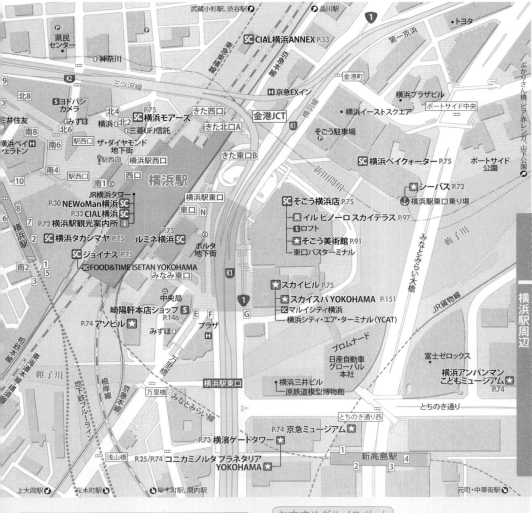

武蔵小杉駅、渋谷駅➡ ➡品川駅 **1** ・トヨタ

P 県民センター

第一京浜

神奈川

SC CIAL横浜ANNEX P.33

三ツ沢線

京急EX イン 金港町

横浜プラザビル

金港JCT

ポートサイド中央

横浜イーストスクエア

S ヨドバシカメラ 北8 北2 北4

三井住友 みずほ 横浜 北2 SC 横浜モアーズ P.75 きた西口

南8 北6 三菱UFJ信託 きた北口A

横浜ベイシェラトン 駅西口 ザ・ダイヤモンド地下街 きた東口B

そごう駐車場

SC 横浜ベイクォーター P.75 ポートサイド公園

南6 南4 駅西口 横浜駅西口

10 西口 **横浜駅** ★ シーバス P.72

南1 JR横浜タワー 横浜駅東口 横浜駅東口乗り場

P.30 NEWoMan横浜 SC 東口 SC そごう横浜店 P.75

P.32 CIAL横浜 SC イル ヒノ―ロ スカイテラス P.97

P.72 横浜駅観光案内所 N S ロフト

SC 横浜タカシマヤ P.75 ルミネ横浜 SC そごう美術館 P.91

SC ジョイナス P.75 ポルタ地下街 東口バスターミナル

SC FOOD&TIME ISETAN YOKOHAMA みなみ東口

★ スカイビル P.75

中央局 SC スカイスパ YOKOHAMA P.151

崎陽軒本店ショップ P.146 S E F SC マルイシティ横浜

P.74 アソビル ★ プラザ G 横浜シティ・エア・ターミナル (YCAT)

みずほ H

JR貨物線

ブロムナード

日産自動車グローバル本社 富士ゼロックス

横浜駅東口 横浜三井ビル 横浜アンパンマンこどもミュージアム P.74 ★

原鉄道模型博物館

とちのき通り

とちのき通り西

P.74 京急ミュージアム ★

P.73 横濱ゲートタワー ★

新高島駅 4

浅山橋 P.25/P.74 コニカミノルタ プラネタリア YOKOHAMA ★ 1

上大岡駅 桜木町駅 桜木町駅、関内駅 元町・中華街駅

横浜駅周辺

プラネタリウムが人気の施設

横濱ゲートタワー

よこはまゲートタワー

MAP 付録P.5 E-4

新高島駅からすぐの複合施設。1・2階が商業フロアで、飲食店やコニカミノルタプラネタリア YOKOHAMA（→P74）がある。

☎なし ㊟横浜市西区高島1-2-5 ㊟㊡店舗により異なる。公式ホームページを要確認 ㊕みなとみらい線・新高島駅から徒歩1分／JR横浜駅から徒歩6分 Ⓟ50台（300円／30分）

Dick Bruna TABLE YOKOHAMA

ディック・ブルーナ テーブル ヨコハマ

エキュートエディション横浜（→P75）内にある。ディック・ブルーナのイラストとともに、ワインと食事が楽しめる。

☎045-620-0708 ㊟11:00～23:00(LO22:00)※エキュートエディション横浜に準ずる ㊡無休

© Mercis bv © Dick Bruna

73

エンタメ&ショッピングスポット

再開発で誕生した駅ビルや老舗百貨店、エンタメ施設などJR横浜駅周辺には
観光の途中にふらりと訪れることができる施設が点在。ぜひ立ち寄ってみたい。

1F

→ランチだけではなく、はしご酒、昼飲みもしやすいアソビル横丁

1つのビルで一日中楽しめる!

アソビル

●横浜中央郵便局
別館をフルリノベー
ションしている

MAP 付録P.5 D-4

横浜駅東口直通、複合型体験エンターテイ
ンメントビル。横浜ならではの店舗が並ぶ
横丁、屋内キッズパーク、e-スポーツ、フ
ットサルなどさまざまなコンテンツが楽し
める。2階ではいろいろなイベントを開催。

☎施設により異なる　㊟横浜市西区高
島2-14-9　㊬㊡㉄店舗により異なる
㊨各線・横浜駅から徒歩2分　㋿なし

4F

↑4階にあるパピランドは親子で楽し
める屋内キッズパーク。フォトジェニッ
クなボールプールなどかわいいデザイン
の遊び場を満喫

コニカミノルタプラネタリアYOKOHAMA
コニカミノルタプラネタリアよこはま

MAP 付録P.5 E-4

プラネタリウムの
新しい楽しみ方を提案

従来のプラネタリウムとは違っ
た楽しみ方ができると話題の施
設。ドーム内に併設のカフェの
飲食物を持ち込むことができ、
快適空間を生かしたヒーリング
プログラムなども用意。

☎045-264-4592　㊟横浜市西区高
島1-2-5横濱ゲートタワー2F　㊬
10:00〜21:00、土・日曜、祝日10:
00〜21:40　㊡無休　㉄一般1600
円　㊨みなとみらい線・新高島駅か
ら徒歩1分　㋿185台(有料)

↑スマートフォンで撮影できるプログラムもある

京急ミュージアム
けいきゅうミュージアム

MAP 付録P.5 E-4

鉄道やバスの魅力や
歴史を知る

昭和初期に誕生した実物車両や歴
史資料、京急ラインジオラマの展
示のほか、鉄道シュミレーション
やオリジナル車両の工作体験がで
きるコーナーも。子どもも大人も
楽しめること間違いなし。来館前
に公式サイトをチェックしよう。

☎045-225-9696　㊟横浜市
西区高島1-2-8京急グループ
本社1F　㊬公式サイトを要
確認　㊡火曜(祝日の場合は
翌日)　㉄無料　㊨各線・横
浜駅から徒歩7分　㋿なし

横浜アンパンマンこどもミュージアム
よこはまアンパンマンこどもミュージアム

MAP 付録P.5 F-4

アンパンマンの世界を体感

アンパンマンのテーマパーク。
1階にあるショップやフードコ
ート、レストランは入場無料。
大人も欲しくなる限定グッズ
やフードが揃う。キャラクタ
ーパンを販売する『ジャムお
じさんのパン工場』も人気。

©やなせたかし/フレーベル館・TMS・NTV

☎045-227-8855　㊟横浜市西区
みなとみらい6-2-9　㊬10:00〜
17:00(最終入館16:00)　㊡無休
㉄ミュージアム入館2200円〜(1
階は入場無料)　㊨みなとみらい
線・新高島駅から徒歩3分　㋿あ
り ※最新情報は公式HPを要確認

駅周辺の主な商業施設リスト

駅周辺には徒歩圏内に商業施設が多くあり便利。西口と東口、どちらに位置するか確認して効率よくまわりたい。

横浜タカシマヤ
よこはまタカシマヤ

MAP 付録P.5 D-3

時代とともに変化する
大型百貨店

昭和34年(1959)の開店以降、西口の発展とともに歩んできた老舗デパート。質の良い商品を豊富に揃え、幅広い年代に親しまれている。海外の有名ブランドから横浜土産まで揃う。

☎045-311-5111 　🕙10:00～20:00(Foodies' Part2は～21:00)、レストラン11:00～22:30 　休不定休

そごう横浜店
そごうよこはまてん

MAP 付録P.5 E-3

横浜みやげが集まる
デパ地下にも立ち寄りたい

横浜駅の東口に位置する百貨店。食料品から生活雑貨、ファッションまで充実の品揃え。国内最大級のビューティーフロアや、メンズコスメコーナーにも注目。館内には美術館や催事場も。

☎045-465-2111 　🕙10:00～20:00、レストラン11:00～23:00 　休無休

ジョイナス

MAP 付録P.5 D-3

目的に合わせた
食事や買い物を楽しめる

相鉄線横浜駅に直結。気軽に立ち寄れる店やカフェが多く便利。屋上には「ジョイナスの森彫刻公園」があり、ショッピングの休憩として利用する人も多い。

☎045-316-3200 　🕙10:00～21:00、レストラン11:00～23:00 ※店舗により異なる 　休不定休

横浜モアーズ
よこはまモアーズ

MAP 付録P.5 D-2

地元客も多く利用する
デイリーで使える店が並ぶ

横浜駅西口にあるビル。ハンズをはじめ、ファッションのセレクトショップやバラエティ豊かな飲食店が揃う。地下からNEWoMan YOKOHAMA(→P30)と連絡できる。

☎045-311-1471 　🕙10:00～23:00(物販は～21:00)※店舗により異なる 　休不定休

ルミネ横浜
ルミネよこはま

MAP 付録P.5 D-3

トレンドショップで
話題のアイテムをゲット

横浜駅東口にあり、最新トレンドを押さえたファッションやコスメなどを扱うショップが集まる。人気のカフェやレストランも多い。地下2階から地下街「横浜ポルタ」にも連絡できる。

☎03-5334-0550 　🕙10:00～21:00(土・日曜、祝日は～20:00(レストラン11:00～22:30 ※店舗により異なる 　休不定休

横浜ベイクォーター
よこはまベイクォーター

MAP 付録P.5 F-3

客船のような外観の
開放的なモール

横浜駅東口、ウォーターフロントのショッピングモール。テラスのあるレストランや注目のカフェなど多彩な店が揃う。水上バス「シーバス」乗り場も併設。海側のデッキやレストランなどムード満点。

☎045-577-8123 　🕙11:00～23:00(レストランは～23:00)※店舗により異なる 　休無休

スカイビル

MAP 付録P.5 E-3

県内外から集まる
バス利用者の玄関口

1階がYCAT(横浜シティ・エア・ターミナル)。マルイシティ横浜や飲食店が入る複合ビル。空港行きのバスや、各都市からの高速バスが発着する。

☎045-441-2424 　🕙休店舗により異なる

エキュートエディション横浜
エキュートエディションよこはま

MAP 付録P.5 D-3

駅の改札内にあり
移動途中の利用も便利

JR横浜駅の中央南改札と南改札を結ぶコンコースにある駅ナカ商業施設。ほっとひと息つけるカフェやこだわりのワインを提供するワインバルのほか全席個室のシェアオフィスも。

☎店舗により異なる 　🕙休店舗により異なる

大自然に抱かれた海辺の景勝地へ

金沢文庫・金沢八景

かなざわぶんこ・かなざわはっけい

横浜の中心街から少し離れると、金沢文庫や
寺院、水族館などおでかけスポットが充実。
歴史を肌で感じる北条氏ゆかりの地を巡ろう。

街歩きのポイント

歌川広重の『金沢八景』でも描かれた風光明媚な場所や史跡が点在。事前にルートを決めてから移動したい。

八景島へ移動する際は、マリンゲートを利用する。八景島島内には、一般車両の乗り入れができないので注意。

歩く・観る●金沢文庫・金沢八景

鎌倉時代に港町として栄え
歴史と自然が調和する街

金沢文庫や八景島のある金沢区は鎌倉時代に陸海の交通の要所として栄え、金沢北条氏の本拠が置かれた。北条氏の邸宅や武家文庫の金沢文庫、称名寺が建造。海辺の風光明媚な景色が歌川広重の浮世絵『金沢八景』に描かれ、江戸時代に観光地として人気を呼んだ。称名寺一帯の森や海辺の野島公園、海の公園で自然と出会え、島がまるごと娯楽空間の横浜・八景島シーパラダイスは、日本最大級の水族館や遊園地などの施設が揃う。

⬆海の公園から眺める東京湾。穏やかなマリンブルーの海が広がり、奥には八景島も見ることができる

Bridge

マリンゲート

八景島に渡る歩行者専用の橋。横浜・八景島シーパラダイスの入場口に直結しており便利

神奈川県立金沢文庫 ★

卍称名寺 P.77

★横浜市金沢動物園 P.78

★海の公園 P.77

★横浜・八景島シーパラダイス P.78

⛩瀬戸神社 P.77

★野島公園 P.77

76

花と緑が香る街の歴史スポットへ

金沢北条氏一族の菩提寺として発展した称名寺をはじめ、鎌倉時代の歴史と文化が残る。
観光施設や公園から眺める、緑と海のコントラストが映える景色には思わず息をのむ。

称名寺

しょうみょうじ

MAP 付録P.19 E-1

金沢北条氏一族の菩提寺

北条実時が母の供養のために建てた持仏堂が起源とされる。真言律宗の寺で、本尊は木造弥勒菩薩立像。広い境内には、赤門や仁王門、金堂、釈迦堂、浄土庭園などがある。神奈川県立金沢文庫が隣接する。

☎非公開 ㊤横浜市金沢区金沢町212-1 ⏰9:00〜16:00 休無休 料無料 交京急・金沢文庫駅から徒歩12分 Pなし

→参道を進むと仁王門と金剛力士像が見える

→浄土庭園には、朱色の反り橋と平橋が架かり、新緑に映える絶景を演出する

神奈川県立金沢文庫

かながわけんりつかなざわぶんこ

MAP 付録P.19 E-1

称名寺伝来の文化財を保存

鎌倉時代に北条実時が造った武家の文庫に由来し、昭和5年(1930)に県立の施設として開館。現在は中世歴史博物館となり、称名寺に2万点超の国宝をはじめ、多数の文化財を収蔵。年6回の展覧会で順次展示。

☎045-701-9069 ㊤横浜市金沢区金沢町142 ⏰9:00〜16:30(入館は〜16:00) 休月曜、祝日の翌日 料250円(展示により異なる) 交京急・金沢文庫駅から徒歩12分 Pなし

→「称名寺聖教・金沢文庫文書」などの国宝指定を受けた資料も管理している

瀬戸神社

せとじんじゃ

MAP 付録P.19 D-2

源頼朝ゆかりの神社

治承4年(1180)、源頼朝が伊豆三島明神を移し祀ったことで信仰を集めた。鎌倉時代の文化財を多数収蔵する。

☎045-701-9992 ㊤横浜市金沢区瀬戸18-14 ⏰休料参拝自由 交京急・金沢八景駅から徒歩2分 Pなし

→境内では花市なども開催される

海の公園

うみのこうえん

MAP 付録P.19 E-1

広大な海を目の前に散策

海岸と砂浜を散歩できる園内。ビーチスポーツや季節によって、潮干狩りやBBQなどが楽しめる。

☎045-701-3450 ㊤横浜市金沢区海の公園10 ⏰休料園内自由(一部施設は有料) 交シーサイドライン・海の公園南口駅、海の公園柴口駅、八景島駅から徒歩2分 Pあり

→3〜9月まで楽しめる潮干狩りスポット

野島公園

のじまこうえん

MAP 付録P.19 E-2

海浜もあり自然満載の公園

平潟湾に浮かぶ小さな島の公園。野球場やBBQ施設があり、展望台からは富士山も見える。

☎045-781-8146 ㊤横浜市金沢区野島町24 ⏰休料園内自由(一部施設は有料) 交シーサイドライン・野島公園駅から徒歩5分 Pあり

→木々が生い茂る園内は散策におすすめ

生き物に出会う癒やしの旅へ

眺めているだけで心穏やかになる、動物や海の生き物がお出迎え。
優雅に泳ぐジンベエザメや、動物園のアイドル・レッサーパンダなどのかわいい表情にも注目。

おでかけスポットとして大人気！
複合型海洋レジャー施設

横浜・八景島シーパラダイス
よこはま・はっけいじまシーパラダイス

八景島 **MAP** 付録P.19 F-2

日本最大級の水族館やバラエティに富んだアトラクション、食事やショッピングも楽しめる海のアミューズメントパーク。「アクアリゾーツ」と呼ばれる水族館部分は4つのテーマに分かれ、ダイナミックなイルカショーや、ふれあいラグーンなど見どころが盛りだくさん。

☎045-788-8888(音声ガイダンス) 所横浜市金沢区八景島 時10:00～17:00(土・日曜、祝日は～19:00 ※季節・施設により異なる 休無休 料アクアリゾーツパス3300円ほか 交シーサイドライン・八景島駅からすぐ Pあり
⬅「ドルフィン ファンタジー」は幻想的な空間でイルカの共演が見られる

⬆かわいいペンギンのパレードも

世界の希少草食動物と
身近な生き物の保全の拠点！

横浜市立金沢動物園
よこはましりつかなざわどうぶつえん

釜利谷 **MAP** 本書P.3 F-3

緑豊かな金沢自然公園内にあり、世界の草食動物や身近な生き物を飼育。希少動植物の保全に力を入れており、活動の拠点となっている。春の花々や秋の紅葉など、四季折々の植物散策も楽しめる。

☎045-783-9100 所横浜市金沢区釜利谷東5-15-1 時9:30～16:30(入園は～16:00) 休月曜 料500円ほか 交京急・金沢文庫駅から京急バス・バス停夏山坂上下車、徒歩6分 Pあり

⬆日本一キバが長いインドゾウの「ボン」(オス)

⬆アフリカの熱帯雨林に生息するオカピ。キリン科で国内で見られるのは貴重！

⬅1日20時間寝て過ごすコアラ。食事の時間や夕方は活動している姿が見られるかも

大規模再開発でハイエンドな街に急成長

武蔵小杉
むさしこすぎ

タワーマンションが立ち並ぶ都心のベッドタウン。
大型商業施設の開業が続き、現在は観光客が訪れる
洗練されたショップやレストランが急増している。

街歩きのポイント

大型商業施設は武蔵小杉
駅周辺の徒歩圏内に集
まっているため、移動に
困ることなく楽しめる。
屋上庭園や芝生スペー
ス、パーティスペースな
ど、商業施設により工夫
されたお楽しみが満載。

人気の「住みたい街」は
流行最前線のショップが魅力

駅を取り巻くタワーマンション群で知
られる武蔵小杉。かつて、駅周辺には
工場地帯が広がっていたが、バブル崩
壊で工場が撤退・移転。跡地に高層マ
ンションが建設された。鉄道6路線が乗
り入れる近代的な街並みが整備され、
人気の住宅地に変貌。駅前には、東
急東横線武蔵小杉駅に直結するららテ
ラス 武蔵小杉、屋上庭園のあるグラ
ンツリー武蔵小杉などのおしゃれな
ショッピングモールが開業。一方でレト
ロな商店街も残り、ショッピングタウン
としての魅力が増している。

武蔵小杉

三井ショッピングパーク
ららテラス 武蔵小杉
みついショッピングパーク ららテラス むさしこすぎ
MAP 本書P.2 B-2
日常生活の彩りがコンセプトのモール

武蔵小杉在住者や街を訪れる観光客など
に、新しさと洗練された生活を提供し、華
やかな時間を楽しめる店舗を揃える。街の
ランドマーク的な存在のショッピングモール。
☎044-982-9190　圏川崎市中原区新丸子東3-1302
圏公式サイトを要確認　圏不定休　圏各線・武蔵小杉
駅直結　Pあり

↑高層マンションに囲まれた立地ながら、こだわりの
グルメを求めて訪れる人も多い

グランツリー武蔵小杉
グランツリーむさしこすぎ
MAP 本書P.2 B-2

リニューアルで注目店が続々登場

2021年4月、開業以来初のリニューア
ルで話題の商業施設。デイリーユース
はもちろん、洗練されたフードやスイー
ツなどを目当てに訪れる客も多い。
☎044-411-7111　圏川崎市中原区新丸子
3-1135-1　圏10:00〜21:00(店舗により異なる)
圏無休　圏各線・武蔵小杉駅から徒歩4分　Pあり

↑緑が植えられた広場など家族で過ごすのに◎

おすすめカフェ

一〇八抹茶茶廊
いちまるはちまっちゃさろう
抹茶の多彩な魅力があふれる
抹茶ドリンク、抹茶スイーツ
専門店。すべてのお茶に希少
なオーガニック茶葉を使用。
☎044-789-5585　圏10:00〜21:00
圏無休

↑抹茶を練りこんだ自家製
生地を店舗で焼き上げる今
川焼あずき粒あん(左)と抹
茶ラテ(右)

カラフルな花の香りや自然に癒やされて

緑の風が吹く庭園・公園

国の重要文化財にも指定された日本建築が点在する庭園や、
自然豊かな公園を散策。開放感ある芝生の広場には
ゆるやかな時間が流れ、季節の花も観賞できる。

↑旧燈明寺三重塔など10棟が、国の重要文化財に指定されている

四季折々の美しさを見せる
日本を代表する名庭園

三溪園
さんけいえん
本牧 **MAP** 付録P.18 C-4

生糸貿易で成功を収めた実業家・
原三溪が開園。17万㎡を超える
美しい日本庭園に、鎌倉や京都
などから価値ある古建築が移築さ
れている。美術愛好家でもあった
三溪は新進芸術家の育成にも尽
力。横山大観、前田青邨ら多く
の画家が集い、この地で名画が
生まれた。

☎045-621-0634 ㊟横浜市中区本牧三
之谷58-1 ㊟9:00〜17:00(入園は〜16:
30) ㊡無休 ㊟900円 ㊠JR根岸駅か
ら市営バス・本牧下車、徒歩10分 ㋟あり

臨春閣
りんしゅんかく
8代将軍徳川吉宗も立ち寄った、紀州
徳川家の別荘「巌出御殿」とされる。

旧燈明寺三重塔
きゅうとうみょうじさんじゅうのとう
京都燈明寺から移築。関東地方にあ
る木造塔のなかで最も古いもの。

三溪記念館
さんけいきねんかん

原三溪の資料をはじめ、狩野派の絵師らが描いた臨春閣の障壁画や、三溪園ゆかりの作家の作品を展示。豊臣秀吉の書状なども収蔵。

⤴ 館内では所蔵品展や企画展などが行われる

天授院
てんじゅいん

慶安4年(1651)築。禅宗様の建物で、鎌倉にあった心平寺の地蔵堂といわれる。

旧燈明寺本堂
きゅうとうみょうじほんどう

京都燈明寺にあった、室町時代前期の建物。中世密教寺院の様式を伝える。

月華殿
げっかでん

徳川家康が慶長8年(1603)、京都伏見城内に建てたもの。

聴秋閣
ちょうしゅうかく

独創的かつ瀟洒な書院造の建物。徳川家光が元和9年(1623)、二条城内に建造。

休息に最適な芝生広場
桜の名所としても有名
根岸森林公園
ねぎししんりんこうえん

根岸 **MAP** 付録P.18 A-3

日本で初めて洋式競馬が行われた場所。昭和40年代に整備が進み、森林公園が開園した。横浜では珍しく広々とした芝生広場があり、のんびり過ごすことができる。

☎045-641-9185 所横浜市中区根岸台1-2 開
休料入園自由 交JR根岸駅から市営バス・旭台下車すぐ Pあり

⤴ 歴史を感じる旧根岸競馬場の一等馬見所

⤴ 春には満開の桜を観賞し、心地よい芝生でピクニックをするのもおすすめ

井伊直弼の銅像で知られ
春は桜の花見客で賑わう
掃部山公園
かもんやまこうえん

桜木町 **MAP** 付録P.8 C-1

開園100年を超える、歴史ある公園。横浜開港に尽力した井伊直弼の銅像が園内に立っており、池のある和風庭園や公園の一角に建つ横浜能楽堂も風情がある。

☎045-242-1313(西土木事務所) 所横浜市西区紅葉ケ丘57 開休料園内自由 交各線・桜木町駅から徒歩15分 Pなし

⤴開港に貢献した井伊直弼の銅像が立つ
⤴高台にある庭園は桜や新緑の季節が美しい

外国文化を吸収し、災禍を乗り越え、未来へと続く

エキゾチックな港町の物語

江戸時代まで寒村だった横浜村は、黒船の来航によって、国際貿易都市へと急速な発展を遂げる。
以降、震災や空襲の打撃を乗り越え、最先端のウォーターフロントを抱える都市へと生まれ変わった。

| 古代〜18世紀 | 江戸時代に宿場町を中心に発展 |

江戸時代

鎌倉幕府の誕生でモノや文化が集まり
江戸時代は東海道の宿場町が賑わった

　横浜周辺では先史時代から人が暮らしていたとされ、旭区で発掘された旧石器時代の矢指谷遺跡など、各地で多くの痕跡が見つかっている。7世紀以降の古代律令制の時代に、横浜は武蔵国に組み込まれていった。

　鎌倉幕府が誕生すると、幕府に隣接する港町の六浦（現・金沢区）が、物資の集積地として栄えた。武家の書庫である金沢文庫や称名寺が北条氏により建造されている。

　江戸時代には、多くの幕府領や旗本領が配置され、六浦を本拠とする武州金沢藩も生まれた。五街道が整備されると、神奈川と保土ヶ谷、戸塚に東海道の宿場が設けられ、3つの宿場町を中心に発展する。現在の関内や伊勢佐木町一帯には入海（小さな入り江）が広がっていたが、江戸時代に新田開発が行われ、その後も徐々に埋め立てられた。

| 19世紀中頃 | 国際貿易港・横浜が産声を上げる |

ペリー来航の衝撃

アメリカの開国要求によって横浜を開港
小村に過ぎなかった横浜に国際化の扉が開く

　嘉永6年（1853）、アメリカのペリー提督が日本に開国を求めて浦賀に来航した。翌年、神奈川宿近くの横浜村（現・横浜開港広場）で日米和親条約が結ばれ、日本は開国の道を歩み始める。安政5年（1858）の日米修好通商条約により、5つの港の開港が決定。翌年に横浜港は開港する。オランダやイギリスなどの西洋諸国とも相次いで同様の条約が結ばれ、横浜は国際貿易港として一歩を踏み出す。

　開港場となった横浜村一帯は、東海道の街道筋から離れた寒村地帯だった。幕府が横浜を開港地に選んだのは、人の多い宿場での外国人がらみのトラブルを避けるためだった。事実、開港直後には攘夷派による外国人殺傷事件が続発した。文久2年（1862）には、神奈川宿近くの生麦村（現・鶴見区）で、イギリス人が殺傷される生麦事件も起きている。

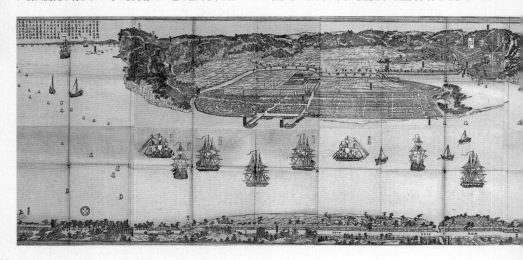

西洋文化の薫る国際都市へ
急速に進む近代化

貿易国の西洋人たちが横浜へ次々と来日
近代的な西洋風の街ヨコハマが生まれる

　開港後の横浜では、開港場としての街づくりが早速始まった。開港場となったのは、現在の関内地区だ。エリアの東半分に外国人居留地、西半分に日本人居住地を設け、元の住民は現在の元町へと移住した。通訳などで西洋人に雇われた中国人も多く来日し、やがて現在の中華街が形成される。海辺には外国の商館が次々と建設されていった。
　慶応2年（1866）、日本人居住地の大部分を焼失する大火（豚屋火事）が起きた。これを機に、西洋の近代都市を手本にした再開発が進められる。馬車の走る広い通り（現在の馬車道）には、日本初のガス灯や街路樹がお目見えした。眺めの良い高台の山手地区が新たに外国人居留地となり、瀟洒な西洋住宅や教会の並ぶハイカラな街が生まれた。山手地区には今も、当時を偲ばせる古い洋館が点在している。
　開港場にあった港崎遊郭も大火で焼失し、跡地には西洋式庭園が整備された。現在、横浜スタジアムのある横浜公園だ。遊郭は移転先の羽衣町で再び焼失し、跡地に伊勢佐木町が形成された。街には遊郭のあった明治以降から、芝居小屋や寄席、飲食店などが集まり、明治後期には日本初の常設映画館も開館。文化の薫る繁華街へと発展する。

↑ イセザキ・モール1・2St.周辺は
現在も繁華街として賑わう

『御開港横浜之全図』
貞秀画　万延元年（1860）
〈横浜開港資料館蔵〉

　横浜の開港後、開港場一帯は川と掘割で囲まれ、長崎の出島のように分離されていた。開港場の出入口には吉田橋が架けられ、人の出入りを取り締まる関門を設けた。開港場は関門の内側にあるため関内と呼ばれ、内陸側の伊勢佐木町方面は関外と呼ばれた。現在、官公庁やオフィスビルの立ち並ぶ一帯は、今も関内地区と呼ばれている。関内は正式な地名ではないが、駅名や通り名などにその名が使われている。

↩ 吉田橋開通祝賀
（絵はがき）明治44
年（1911）〈横浜開
港資料館蔵〉

↑ 港と横浜公園（横浜スタジアム）を結ぶ日本大通り。豚屋火事を機に、火災の延焼防止のために設けられた日本で初めての西洋式街路だ

『横浜繁栄本町通時計台神奈川県全図』歌川国鶴（2代）
明治8年（1875）〈神奈川県立図書館蔵〉

83

横浜港パノラマ（絵はがき）　20世紀初頭　〈横浜開港資料館蔵〉

19世紀中頃〜20世紀前半

横浜が日本屈指の国際港となる

かつての港の面影

2つの小さな波止場から始まった横浜港
貿易港として急速に大きな発展を遂げる

　沿岸部では、港湾施設の整備が急ピッチで進められた。横浜税関の前身である横浜運上所が、現在の神奈川県庁本庁舎付近に開設された。運上所の海側には、東西2つの波止場を設置。居留地寄りの東波止場（イギリス波止場）は外国貿易用に、日本人居住地側の西波止場（税関波止場）は、国内船の貨物の積み下ろしに利用された。東波止場にはのちに湾曲した防波堤が加わり、その形状から象の鼻と呼ばれるようになる。明治中期に生まれた往時の防波堤は、現在、象の鼻パーク内に復元されている。

　開港当時の横浜港の主要輸出品は生糸や茶などで、海外からは綿織物などが輸入された。明治5年（1872）に新橋〜横浜（現・桜木町）間に日本初の鉄道が開通すると、横浜港の貿易量は全国の7割に達し、日本最大の貿易港へと成長する。2つの波止場は規模が小さく、大型船が接岸できなかったため、貨物はハシケ（小型船）を往復して沖の船から運んでいた。明治後期には、大型船が接岸できる大さん橋や最新鋭の新港ふ頭も完成し、横浜港はさらなる発展を遂げる。

　明治44年（1911）に、新港ふ頭の付属施設として建設されたのが横浜赤レンガ倉庫だ。輸入手続き前の物資を保管する倉庫として造られ、平成に入って倉庫の役目を終えた。現在はレトロモダンな商業施設に生まれ変わっている。

『横浜海岸通之図』歌川広重（3代）明治3年（1870）〈神奈川県立歴史博物館蔵〉

横浜港の輸出品　シルクが支えた横浜

　開港から昭和前期頃まで、横浜港の主要な輸出品は生糸だった。幕末頃には生糸が全輸出額の9割近くを占めていた。東北や関東甲信地方などから生糸が横浜へと運ばれた。なかでも信州（長野）と上州（群馬）は上質な生糸の産地とされ、集散地の八王子を経由して運ばれる道は「絹の道」と呼ばれた。明治41年（1908）に東神奈川〜八王子間で開業した横浜線は、生糸の鉄道輸送のために生まれた路線だ。横浜線開業に尽力した人物のひとりが、生糸貿易で財を成した実業家・原富太郎（三溪）だった。原富太郎の残した日本庭園の三溪園が一般公開され、往時の生糸産業の隆盛ぶりを伝えている。

『横浜市中に於て外国人生糸を見分る図』半山直水画 明治期〈横浜開港資料館蔵〉

シルク博物館
シルクはくぶつかん

山下公園周辺 MAP 付録P.11 D-3

横浜と絹の歴史や製造過程、服飾工芸品などを展示。機械体験（無料）や蚕の飼育観察もできる。

横浜港の大さん橋近くにある建物

☎045-641-0841　所横浜市中区山下町1 シルクセンター2F　時9:30〜17:00（入館は〜16:30）　休月曜（祝日の場合は翌日）　料500円（特別展は別途）　交みなとみらい線・日本大通り駅から徒歩3分　Pなし

○吉田橋を行く
米軍のパレード
〈横浜市史資料
室蔵〉

戦後のGHQによる接収と復興

アメリカ文化への憧憬

**空襲で焼け野原となった街に連合国軍が上陸
アメリカの最新カルチャーもやってきた**

　震災から立ち直った横浜は、第二次世界大戦によって再び大打撃を受ける。昭和20年(1945)の横浜大空襲などで街の中心部は焦土と化し、約1万人が犠牲となった。終戦後はGHQに港湾施設や建物が接収され、都市機能は麻痺。商社や企業の多くが東京などへ移転し、横浜の経済基盤は一時的に失われる。一方、広大な軍人居住地のあった本牧では、アメリカのジャズやファッションが流行し、最新文化の発信地となった。

20世紀前半
～中頃

生活に大打撃を与えた大震災

ゼロからの再出発

**関東大震災が横浜の街を破壊し尽くす
山下公園は震災の爪痕から生まれた**

　大正12年(1923)9月1日、関東平野南部を震度6の大地震(関東大震災)が襲い、横浜の街は壊滅的な被害を受ける。横浜での死者は約2万6600人、倒壊や火災により中心部の8割以上の建物が全壊し、港湾施設も甚大な被害を受けた。震災後、国の復興事業が始まると、現在の横浜税関や神奈川県庁本庁舎などの欧風近代建築が次々と再建された。震災の瓦礫を埋め立て、昭和5年(1930)に開園したのが現在の山下公園だ。園内の一角にある水飲み場のインド水塔は、被災したインド人が救援活動のお礼に寄贈したものだ。昭和初期頃より、街は元の姿を取り戻し始める。

20世紀後半
～
現代

みなとみらいに見る未来の横浜

発展し続ける湾岸都市

**港の発展を支えた造船所の跡地に
最先端のウォーターフロントが誕生**

　1960年代に入ると、横浜の街づくりに大きな動きが表れた。横浜駅周辺と関内・伊勢佐木町の2つに分かれた中心地を一体化するため、中間地である桜木町周辺の再開発が進められることになった。それにより生まれた街が「みなとみらい21」だ。
　臨海部にあった三菱重工業造船所の跡地などを利用して、昭和58年(1983)より事業を開始。開発中の1989年には横浜博覧会が盛大に催され、横浜ベイブリッジも完成した。4年後には、当時、日本一の高さを誇った横浜ランドマークタワーが竣工。敷地内には、造船所があった時代の歴史を伝える、明治中期の石造りのドックが復元された。その後もクイーンズスクエア横浜をはじめ、文化・商業施設や公園、オフィスビルが次々と誕生。横浜は物流拠点の都市から、首都機能を備えた新都市に生まれ変わった。臨海部の近代的な美しい街並みは、港町・横浜を象徴する風景となっている。みなとみらい21の開発は今も進行中だ。

『被災した姿』
関東大震災横浜市写真帳
〈神奈川県立歴史博物館蔵〉

○山下公園のインド水塔

横浜歴史年表

西暦	元号	事項
1853	嘉永6	アメリカのペリー提督が4隻の船を率いて浦賀に来航する
1854	安政元	日米和親条約(神奈川条約)を締結し、アメリカとの交流を開始する
1858	安政5	日米修好通商条約を締結。オランダ、ロシア、イギリス、フランスとも条約を結び、各国との交流を開始する。横浜開港が決まる
1859	安政6	横浜開港。外国との自由貿易が認められる
1862	文久2	横浜の生麦村(現・横浜市鶴見区)で、薩摩藩士がイギリス人を殺傷する事件(生麦事件)を起こす
1866	慶応2	関内大火(通称、豚屋火事)が起きる
1868	明治元	神奈川県が設置される
1870	明治3	大本山成田山の遥拝所として横浜成田山◯P.71が建立される
1872	明治5	日本最初の日刊新聞である横浜毎日新聞が創刊される
1872	明治5	横浜(現・桜木町)~新橋間に日本初の鉄道が開通する
1873	明治6	生糸改会社が設立される
1894	明治27	横浜築港さん橋(現・横浜港大さん橋 国際客船ターミナル◯P.58)が完成
1895	明治28	生糸検査所が設立される
1899	明治32	山手、関内にあった横浜外国人居留地が返還される
1906	明治39	生糸貿易により財を成した実業家、原富太郎(三溪)により、三溪園◯P.80が公開される
1908	明治41	東神奈川~八王子間に横浜鉄道が全通する
1909	明治42	開港50年の記念式典が行われる
1911	明治44	横浜赤レンガ倉庫(2号館)◯P.52が完成する
1913	大正2	横浜赤レンガ倉庫(1号館)◯P.52が完成する
1917	大正6	市民の寄付により、開港記念横浜会館(現・横浜市開港記念会館◯P.93)が竣工
1919	大正8	埋地の大火により、出火した千歳町など8カ町、3248戸を焼失する
1923	大正12	関東大震災で港湾施設が大被害を受ける
1926	大正15	野毛山公園◯P.71が開園する
1926	大正15	アメリカ人ラフィン氏の邸宅として山手111番館◯P.64が建築される
1927	昭和2	外国人向けの共同住宅(アパートメントハウス)として山手234番館◯P.66が建築される
1930	昭和5	日本初の臨海公園、山下公園◯P.58が開園する
1931	昭和6	横浜市中央卸売市場が開設される
1935	昭和10	復興記念横浜大博覧会が行われる

西暦	元号	事項
1937	昭和12	英国総領事公邸として、横浜市イギリス館◯P.64が建築される
1945	昭和20	第二次世界大戦が終戦。横浜大空襲で市街地の4割以上に被害が出る。市街地、港湾など土地(918万㎡)・建物(96万㎡)が接収される
1949	昭和24	日本貿易博覧会が開催される
1951	昭和26	野毛山動物園◯P.71が開園、インド象を迎える
1953	昭和28	国際仮装行列(現・ザ よこはまパレード)が開催される
1955	昭和30	横浜中華街◯P.60の戦後復興を祈り、大通り入口に善隣門が建設される
1956	昭和31	横浜市が政令指定都市となる
1959	昭和34	開港100年の記念式典が行われる
1961	昭和36	旧横浜市庁舎が完成する
1961	昭和36	横浜マリンタワー◯P.59が完成する
1961	昭和36	貨客船として運航していた氷川丸(日本郵船氷川丸◯P.58)が山下公園に係留される
1962	昭和37	港の見える丘公園◯P.64が開園する
1964	昭和39	東海道新幹線が開通、新横浜駅が開業する
1968	昭和43	浅田~東神奈川間に首都高速神奈川1号横羽線が開通する
1969	昭和44	本牧市民公園が開園する
1972	昭和47	市電(路面電車)、トロリーバスが廃止される
1978	昭和53	大通り公園◯P.70が開園する
1983	昭和58	横浜スタジアム◯P.57が完成する
1983	昭和58	みなとみらい21の事業がスタート
1989	平成元	横浜市制100年、開港130年の記念式典が行われる
1989	平成元	横浜ベイブリッジが完成する
1989	平成元	横浜美術館が開館する
1993	平成5	横浜・八景島シーパラダイス◯P.78が開業する
1993	平成5	横浜ランドマークタワー◯P.52がオープンする
1997	平成9	外交官の家◯P.67が山手イタリア山庭園◯P.67に移築され、公開が始まる
2002	平成14	再整備を経て、横浜港大さん橋 国際客船ターミナル◯P.58がオープンする
2002	平成14	横浜赤レンガ倉庫◯P.52がオープンする
2004	平成16	みなとみらい線が開業する
2007	平成19	三溪園◯P.80が国の名勝に指定される
2009	平成21	開港150年の記念式典が行われる

アート・文化

❖

歴史ある建築や、受け継がれる
伝統の焼物にふれる。
現代アートに刺激され、
新たな知見を広める。
開港から、洗練された文化と芸術を
受け入れてきた街。地区一帯が
創造空間を演出する姿も興味深い。

芸術家の
創造世界が
街にあふれる

横浜開港から伝わる街の記憶にふれる
港町のミュージアムで
横浜の歴史と文化を知る

開港の時代から残された資料や、横浜にゆかりのある作家の作品・ゆかりの品など、街なかには知的好奇心が刺激されるような博物館が数多くある。

アート・文化●博物館

神奈川県立歴史博物館
かながわけんりつれきしはくぶつかん
関内 **MAP** 付録P.10 A-2

開港から街を見守る建物で
貿易港としての繁栄の歴史を学ぶ

横浜をはじめ、神奈川県内の歴史資料を収蔵、展示している。古代から現代までを5つのテーマで構成した展示室では、鎌倉時代に栄華を極めた源頼朝、開港とともに西洋文化が流入した背景、貿易の様子など、時代の変遷をわかりやすい解説でたどることができる。

☎045-201-0926 所横浜市中区南仲通5-60 時9:30～17:00(入館は～16:30) 休月曜(祝日の場合は開館) 料300円(特別展は別途) 交みなとみらい線・馬車道駅から徒歩1分 Pなし

↑重厚な外観の建築は、国の重要文化財・史跡に指定されている

横浜開港資料館
よこはまかいこうりょうかん
日本大通り **MAP** 付録P.10 C-3

日米和親条約締結の地に建ち
横浜がたどった足跡を伝える

昭和56年(1981)6月2日、開港記念の日に開館。開港期から昭和初期までの横浜に関する資料を収集・紹介し、横浜の歩みを次世代に伝えている。資料は古文書から新聞、写真、浮世絵にいたるまで幅広い。旧館は旧英国総領事館で、名建築としても知られている。

☎045-201-2100 所横浜市中区日本大通3 時9:30～17:00(入館は～16:30) 休月曜(祝日の場合は翌平日) 料200円※特別展は別途料金 交みなとみらい線・日本大通り駅から徒歩2分 Pなし

↑19世紀中頃の世界情勢を伝える地球儀

↑新館の展示室では横浜に関する貴重な資料が見られる

↑横浜の歴史を紹介する常設展
↑上品で端正なたたずまいの旧館

横浜税関資料展示室

よこはまぜいかんしりょうてんじしつ

大さん橋周辺 **MAP** 付録P.10 C-2

日本の貿易を支え続ける税関が開港の歴史や貿易の資料を紹介

イスラム寺院風の塔屋は横浜三塔のひとつで、「クイーン」の愛称で親しまれている。銅板の屋根は、時を経て緑青色に変化したもの。庁舎の1階にある展示室で、税関や貿易の歴史、密輸の手口、偽ブランド品など多彩な展示を行う。

☎045-212-6053(税関広報広聴室) 🏠横浜市中区海岸通1-1 🕐10:00～16:00 🈂施設点検日 💴無料 🚉みなとみらい線・日本大通り駅から徒歩3分 🅿なし

⬆ ワシントン条約の規制対象となる剥製や商品なども紹介

⬅ エキゾチックで優雅な、緑青色のドームが目を引く。昭和9年(1934)建築

横浜都市発展記念館

よこはまとしはってんきねんかん

関内 **MAP** 付録P.10 C-3

常設展、企画展を通して横浜の街の成り立ちを知る

昭和期を中心に都市横浜のあゆみを紹介する施設。併設の横浜ユーラシア文化館はユーラシア各地の諸文化を美術・考古資料等で紹介している。2023年11月現在、全館空調機更新工事のため休館中。2024年夏開館予定。

⬆ 建物は昭和4年(1929)に建てられた旧横浜市外電話局

☎045-663-2424 🏠横浜市中区日本大通12 🕐9:30～17:00(入館は～16:30) 🈂月曜 💴200円、小・中学生100円 🚉みなとみらい線・日本大通り駅からすぐ 🅿なし

常設の展示スペースは3つのゾーンからなる

県立神奈川近代文学館

けんりつかながわきんだいぶんがくかん

山手 **MAP** 付録P.15 F-3

国内最大級の日本近代文学ミュージアム

港の見える丘公園内に立地。夏目漱石や芥川龍之介など神奈川県ゆかりの文豪や文学作品に関する特別展や講演会を開催。戦後文学や大衆文学、児童文学関係の膨大な資料を収蔵している。

☎045-622-6666 🏠横浜市中区山手町110 🕐9:30～17:00(入館は～16:30) 🈂月曜(祝日の場合は開館) 💴展示により異なる 🚉みなとみらい線・元町・中華街駅から徒歩10分 🅿なし

⬆ さまざまな作家の原稿や書簡も展示

⬆ 文学ゆかりの事柄を表示した、山手・関内の文学散歩地図模型

「横浜発祥」の碑を巡る

元祖横浜を訪れる

安政6年(1859)の開港以降、横浜には多くの外国人が暮らすようになり、海外の文化や習慣が徐々に広まるようになった。日刊新聞が初めて発行された場所、国内初のビール醸造所があった場所など、「日本初」のゆかりの地を示す石碑が、市内各所に数多く立っている。

⬆ 山下公園にある『西洋理髪発祥之地碑』。明治2年(1869)、現在の中華街(中華菜館同發 本館の近く)に髪結師・小倉虎吉が理髪店を開業したのが始まり

⬆ アイスクリーム発祥を記念して造られた『太陽の母子像』。明治2年(1869)、町田房蔵が「あいすくりん」という名前で売り出したのが、日本人による初めてのアイスクリーム販売という

芸術で盛り上がる街から目が離せない
洗練された美が集まる街
休日はアートスポットへ

駅周辺や商業施設の中には、美術館やアートスポット、芸術ホールが充実している。
気軽に、より身近に芸術を感じることができる横浜の街の美術館巡りへ出かけよう。

⬆ 日本を代表する建築家・丹下健三が設計した横浜美術館の建物。左右対称の造りが特徴的(撮影:笠木靖之)

横浜美術館
よこはまびじゅつかん

みなとみらい **MAP** 付録P.6 B-3

国内外の
近・現代美術品を展示

平成元年(1989)3月、横浜博覧会
の施設として開館し、同年11月、
横浜美術館として正式に開館。
2021年から大規模改修工事のた
め閉館していたが、2024年3月15
日にリニューアルオープン。横
浜開港以降の近・現代美術品を幅
広く揃えており、収蔵品は約1万
3000点を誇る。館内には24万冊
以上の蔵書を有する美術情報セ
ンターやアトリエなどもある。

☎045-221-0300(代表)
🏠横浜市西区みなとみらい3-4-1
🕙10:00〜18:00(入館は〜17:30) 🈲木曜
💴展覧会により異なる※詳細は公式サイト
を要確認 🚃みなとみらい線・みなとみら
い駅3番出口から徒歩3分 🅿あり

⬆ 広く開放的な展示室に作品が並ぶ(撮影:田中雄一郎)

⬆ イベントなども行うグランドギャラリー
(撮影:笠木靖之)

⬆ ウジェーヌ・アジェ『エケヴィ
リー公の邸宅、テュレンヌ通り60番
地、パリ3区』1901年横浜美術館蔵

⬇ 渡辺幽香『幼児図』1893年
(明治26)横浜美術館蔵

※外観、展示室、グランドギャラリーの写真はリニューアル前

⬆ SNS映え抜群のエンジェルウィング。幅約3.6m、高さ約2.2mの特大
背景の大人用に加えてキッズ用も導入

⬆ 選りすぐりの真葛焼の名品が並ぶ展示室

横浜大世界アートリックミュージアム
よこはまだいせかい アートリックミュージアム

横浜中華街 **MAP** 付録P.17 F-3

横浜中華街最大級の
エンターテインメント施設

横浜大世界4～8階にあるミュー
ジアム。「トロンプ・ルイユ」と
よばれる立体画法（だまし絵）に、
新しいアイデアを付加して確立
したニューアートを展示。

⬆ なぜかまっすぐ歩くことが
できなくなってしまう不思議
なトリックルーム

☎045-681-5588　⬛横浜市中区山下町97
は10:00～）　⬛無休　⬛1300円　⬛みなとみらい線・元町・中華街駅から徒
歩2分　⬛あり

宮川香山 眞葛ミュージアム
みやがわこうざんまくずミュージアム

横浜駅周辺 **MAP** 付録P.2 C-1

洗練された作品に感動
海外で絶賛された眞葛焼

横浜に窯を築き、明治時代に活
躍した陶芸家・宮川香山の作品
を展示。洗練された館内に、世
界各地の万国博覧会で数々の賞
を受賞した名品が並ぶ。

⬆釉薬や釉下彩を研究した香山ならでは
の色彩が美しい『釉下彩美蒲蒲大花瓶』

☎045-534-6853　⬛横浜市神奈川区栄町6-1 ヨコハマポートサイド ロア参
番館1F-2　⬛土・日曜10:00～16:00　⬛月～金曜、祝日　⬛800円、中学・
高校生500円、小学生以下無料　⬛各線・横浜駅から徒歩8分　⬛なし

そごう美術館
そごうびじゅつかん

横浜駅周辺 **MAP** 付録P.5 E-3

買い物とあわせて楽しむ
百貨店内の本格的美術館

そごう横浜店の6階に位置。年間
を通じ、国内外からの質の高い
油彩、水彩、版画、彫刻など幅
広いジャンルの芸術品を集めた
企画展を開催している。

⬆上質の芸術品が身近に感
じられる

☎045-465-5515　⬛横浜市西区高島2-18-1そごう横浜店6F　⬛10:00～
20:00（入場は～19:30）　⬛そごう横浜店に準ずる　⬛企画展により異なる
⬛各線・横浜駅東口から徒歩3分　⬛あり

横浜人形の家
よこはまにんぎょうのいえ

山下公園周辺 **MAP** 付録P.15 E-1

個性あふれる展示に驚く
世界各国から集めた人形

地域色豊かな世界各地の人形か
ら、人間国宝の手による貴重な
人形までを常時展示。家族で楽
しめる企画展などのさまざまな
イベントも。

⬆2階の展示会場「ワールド
フェスティバル」には世界の人
形がズラリ

☎045-671-9361　⬛横浜市中区山下町18　⬛9:30～17:00（入館は～16:30）
⬛月曜　⬛400円、子供200円（展示により異なる）　⬛みなとみらい線・元町・
中華街駅から徒歩3分　⬛あり

KAAT 神奈川芸術劇場
カートかながわげいじゅつげきじょう

山下公園周辺 **MAP** 付録P.11 D-4

多彩な舞台作品を上演する
カルチャースポット

2011年に開館した舞台芸術専門
の創造型劇場。演劇やミュージ
カル、ダンスなど、数多くの作
品を上演しており、高級感あふ
れる場内でゆっくり鑑賞できる。

⬆最大約1200席のホー
ル。舞台と客席が近くに
感じられるのが魅力

☎045-633-6500（10:00～18:00）　⬛横浜市中区山下町281　⬛⬛⬛公演
により異なる　⬛みなとみらい線・日本大通り駅から徒歩5分　⬛あり

横浜みなとみらいホール
よこはまみなとみらいホール

みなとみらい **MAP** 付録P.7 D-3　　　　　　　©平舘平

高級感あふれる
港のコンサートホール

国内外のアーティストや、オーケ
ストラなどのクラッシックコン
サートから、気軽に音楽に親しめ
る演奏会まで、さまざまな音楽を
楽しめるコンサートホール。

⬆大型のパイプオルガンがあ
る大ホール

☎045-682-2000　⬛横浜市西区みなとみらい2-3-6 クイーンズスクエア横
浜内　⬛⬛⬛公演により異なる　⬛みなとみらい線・みなとみらい駅直結
⬛なし

関内周辺で見つけた歴史的建造物

横浜のモダンな街並みを彩る
レトロ建築コレクション

街の中に溶け込む懐かしいたたずまいの建物。
散策途中で立ち止まりたくなる、特徴的な外壁や装飾が美しい。

アート・文化●建築

和洋が調和する独自の雰囲気

神奈川県庁本庁舎
かながわけんちょうほんちょうしゃ

MAP 付録 P.10 C-3

昭和3年(1928)竣工。表面に溝を刻んだ茶褐色のタイルと、独自の幾何学的な装飾模様が特色のライト様式が醸し出す、風格ある建物。国指定重要文化財。

🏠横浜市中区日本大通1 🚃みなとみらい線・日本大通り駅からすぐ

➡関東大震災後に建てられた4代目の庁舎。知事が執務する都道府県庁舎としては2番目に古い。愛称はキング

クイーンの愛称で知られる

横浜税関
よこはまぜいかん　**P.89**

MAP 付録 P.10 C-2

昭和9年(1934)竣工、横浜市認定歴史的建造物に登録されている。

↑ドームはまるで寺院のようなエキゾチックな雰囲気

重要文化財に指定された博物館

神奈川県立
歴史博物館
かながわけんりつれきしはくぶつかん

MAP 付録 P.10 A-2

旧館は明治37年(1904)横浜正金銀行本店本館として建設。設計は妻木頼黄。

P.88

➡館内にはレトロな雰囲気を楽しめる喫茶室や、ミュージアムショップもある。

震災復興を代表する建物

横浜情報文化センター
よこはまじょうほうぶんかセンター

MAP 付録 P.10 C-3

昭和4年(1929)、横浜商工界の復興を願い横浜市によって建てられた。クラシカルな雰囲気で、アール・デコの意匠も加えている。

🏠横浜市中区日本大通11 🚃みなとみらい線・日本大通り駅から徒歩1分

➡旧横浜商工奨励館。市認定の歴史的建造物でもある

横浜貿易会館
よこはまぼうえきかいかん

MAP 付録P.11 D-3

開港広場前に建つモダン建築

窓に張り出した赤・青の日よけテントが、茶褐色のタイルと横浜の街に映える。昭和4年(1929)建築、現在もカフェやショップが活躍。

🏠横浜市中区海岸通1-1 🚇みなとみらい線・日本大通り駅から徒歩2分

⬆ 正面の両角に作られた柱状の装飾も目を引く

ジャパンエキスプレスビル

船客送迎の社屋として建造

MAP 付録P.11 D-3

水平と垂直を強調したスタイリッシュな印象の建築。設計士・川崎鉄三により昭和5年(1930)に建造。ベージュと白の配色もモダンで美しい。

🏠横浜市中区海岸通1-1 🚇みなとみらい線・日本大通り駅から徒歩5分

⬆ 水平線を強調する庇(ひさし)が洗練された印象

損保ジャパン横浜馬車道ビル
そんぽジャパンよこはまばしゃみちビル

ルネサンス風の凝った外観

MAP 付録P.10 A-3

旧川崎銀行横浜支店を復元し、下層部に昔の外壁を使用。階ごとに異なる窓の形など優雅な意匠が見もの。

🏠横浜市中区弁天通5-70 🚇みなとみらい線・馬車道駅から徒歩2分

⬆ 横浜で活躍した矢部又吉が設計

旧富士銀行横浜支店
きゅうふじぎんこうよこはましてん

横浜市認定歴史的建造物

MAP 付録P.10 A-2

粗目の石積み(ルスティカ)の外壁が際立つ、イタリア・ルネサンス風の銀行建築。円柱や半円窓も威厳を感じさせる。現在では、東京藝術大学大学院映像研究科の施設として利用されている。

🏠横浜市中区本町4-44 🚇みなとみらい線・馬車道駅から徒歩1分

⬆ 元安田銀行横浜支店として昭和4年(1929)に建築。昭和28年(1953)に増築

横浜市開港記念会館
よこはましかいこうきねんかいかん

「ジャックの塔」の愛称で有名

MAP 付録P.10 C-3

赤レンガと白い花崗岩が組み合わされた、東京駅にも見られる辰野式フリークラシックの代表格。大正6年(1917)築。

🏠横浜市中区本町1-6 🚇みなとみらい線・日本大通り駅から徒歩1分 ※保全改修工事のため2024年3月末まで休館予定

⬆ 神奈川県庁本庁舎のキング、横浜税関のクイーンと並び、「ジャックの塔」の愛称で親しまれる

横浜指路教会
よこはましろきょうかい

厳粛なゴシック建築の教会

MAP 付録P.9 F-3

ポインテッドアーチにバラ窓が配された堂々たるゴシック建築。宣教師へボンが創建した。

🏠横浜市中区尾上町6-85 🚇各線・関内駅から徒歩5分

⬆ 関東大震災後の大正15年(1926)に再建された

横浜海岸教会
よこはまかいがんきょうかい

心穏やかになる神聖な地

MAP 付録P.10 C-3

明治5年(1872)に設立された、日本人のための最古のプロテスタント教会。白亜の外観が美しい。

🏠横浜市中区日本大通8 🚇みなとみらい線・日本大通り駅から徒歩3分

⬆ おとぎ話に出てくるようなかわいい教会がたたずむ

街なかで発見する芸術に立ち止まる
黄金町 × アート

壁面に描かれた絵画や、バーで開催される作品展。
散策するだけで新しい感性を発見できる街を訪れる。

大岡川沿いに建つリノベーションされた建物

アートの街から発信される
新しい文化と作品を眺めて歩く

伊勢佐木町方面から大岡川を渡ると、昭和の薫りが漂うエリアにたどり着く。大岡川沿い、京急の黄金町駅周辺は、かつては環境の悪い風俗街として知られていた。

2005年の景観の改善により、「アートの街」をテーマにした、新たな街づくりが始まった。若者や地域住民が中心となり、若手アーティストのアトリエや屋外から鑑賞できるパブリックアートが点在している。今では、アートに関する本が並ぶ古本屋や、アーティストの作品を展示販売するギャラリー、カフェやコーヒーショップもあり、休日にゆっくりとした時間を過ごすことができる地域となった。進化を続ける街で、カルチャーに魅了され、アーティストやスタッフとの会話を楽しみたい。

黄金町バザールへ行こう

2008年に開催がスタートした黄金町バザール。毎年秋に芸術家たちがイベントを企画し、街の賑わいや活性化に貢献している。若手アーティストの個性あふれる作品やショップを鑑賞でき、新しいカルチャーに出会うことができるのが魅力。

↑ 街は常に新しい芸術作品で彩られている
©Candy Bird

↑ 壁一面にアートの本が並ぶ

特別な一冊に出会う
黄金町アート
ブックバザール

こがねちょうアートブックバザール

アートとデザインを中心とした古書店。地元アーティストのグッズも販売している。

MAP 付録P.12 B-1

☎045-231-9559 所横浜市中区日ノ出町2-145先Ⅲ棟 営10:00～13:00、14:00～18:00 休月曜(祝日の場合は翌日) 交京急・日ノ出町駅から徒歩3分 Pなし

食べる

異国文化を
継承し、進化を
続ける一皿に
出会う

開港から異国の料理を取り入れてきた
食文化。横浜発祥とされる料理が、
今も根付いている。
歴史の中で開化した各国の
洋食や中華街の味わいは、
厳選食材と華麗な技法で、
訪れる者を絶えず魅了する。

港を望む優雅なひとときを過ごす
開放感あふれる
シービューダイニング

目の前に広がる横浜港の青い海を眺めながら、旬の野菜や
地元の食材を使った料理など、こだわりの逸品を堪能したい。

予約	望ましい
予算	Ⓛ4800円〜
	Ⓓ1万2000円〜

インターナショナル キュイジーヌ サブゼロ

大さん橋周辺 **MAP** 付録P.11 E-1

大さん橋の最先端できらめく街を望む
特別な日のとっておきレストラン

ガラス張りの店内からは海越しにみなとみらいの街を眺められ、ロマンティックな雰囲気。旬の食材をイタリアンベースの技でモダンに仕上げる料理は、ディナーはもちろん、コース4800円〜などランチでも味わえる。

☎045-662-1099
所横浜市中区海岸通1-1-4 国際客船ターミナル2F 営11:30〜15:00（LO13:00）17:30〜22:00（LO19:30）休無休 交みなとみらい線・日本大通り駅から徒歩7分
Pなし

1.横浜の夜景とラグジュアリーな雰囲気に包まれる2.ランチタイムは船の上で食事をしているような気分に　3.コース料理のメインの一例。芸術的な盛り付けが美しい

食べる●横浜ごはん

96

最上階から眺める
美しい絶景と食事を堪能

スカイラウンジ シリウス

みなとみらい **MAP** 付録P.6 C-4

70階から港を一望できるおしゃれなレストランラウンジ。ホテルのおもてなしをそのままに、洗練された料理やデザート、カクテルなどを楽しめる。人気のランチブッフェは、シーズンによりテーマを変え、上質な食材とこだわりの料理を提供する。

☎045-221-1155(10:00〜19:00)
🏠横浜市西区みなとみらい2-2-1-3 横浜ロイヤルパークホテル70F ⏰7:00〜10:00 11:30〜13:30 17:30〜L021:30(土・日曜、祝日はランチ〜14:00、 ティー15:00〜L016:30も営業) 🚫無休 🚉みなとみらい線・みなとみらい駅から徒歩3分 🅿横浜ランドマークタワーの駐車場を利用

1.種類豊富なランチブッフェ 2.シェフが目の前で切り分けるローストビーフ 3.高層階からの眺めを体感

予約	望ましい
予算	Ⓛ5500円〜
	Ⓓ1万1500円〜

美しい港の風景とともに
絶品のギネスシチューを

英一番館
えいいちばんかん

山下公園周辺 **MAP** 付録P.11 E-4

横浜港を見下ろす最高のロケーション。昼はお得なランチセットが揃い、看板メニューのギネスシチューのほか、三崎マグロを使った料理も好評だ。夜はきらめく夜景に酔いながら、本格フランス料理を堪能したい。

1.大さん橋やみなとみらいを望む 2.ゆったりとテーブルを配置 3.牛バラ肉をギネスビールと赤ワインで煮込んだ、ギネスシチューランチ1980円

☎045-662-5446
🏠横浜市中区山下町3-1 県民共済ビル6F ⏰11:30〜21:00(L020:00) 🚫無休 🚉みなとみらい線・日本大通り駅から徒歩5分 🅿65台

予約	望ましい(14:00〜17:00は不可)
予算	Ⓛ1320円〜
	Ⓓ3300円〜

横浜ベイエリアを真正面に望む
抜群の眺望に恵まれたダイニング

イル ピノーロ スカイテラス

横浜駅周辺 **MAP** 付録P.5 E-3

横浜のベイエリアを一望する店内は、シックな大人の空間。窓際のカウンター席のほか、ソファ席も居心地がよい。料理は、素材を大切にしたイタリアン。季節感あふれる前菜やパスタ、窯焼きピッツァなどが味わえる。

☎045-444-0630
🏠横浜市西区高島2-18-1 そごう横浜店10F ⏰ランチ11:00〜15:00 カフェ15:00〜17:00 ディナー17:00〜21:30(LO) 🚫そごう横浜店に準ずる 🚉各線・横浜駅から徒歩3分 🅿あり

1.さまざまなシーンに合う多様なコース料理5500円〜が用意されている ※画像はイメージ 2.常時100種類以上のワインが揃う 3.絶景を独り占めできる窓際の特等席

予約	可
予算	Ⓛ2200円〜
	Ⓓ5500円〜

生演奏と美食にうっとり
優美な老舗レストラン

Alte Liebe
アルテ リーベ

関内 **MAP** 付録P.10 C-3

クラシカルかつエレガントな空間
で、オリジナリティあふれる料理
と音楽を楽しめる。3代にわたり
大切な日をここで過ごす家族も少
なくない。フレンチをベースに欧
州各国の調理法やブランド食材、
さらには日本の海や山が育んだ豊
かな旬を駆使する。

☎045-222-3346
所横浜市中区日本大通11 営11:30～13:
30 17:30～19:30 休月・火曜(祝日の場
合は営業) 交みなとみらい線・日本大通
り駅から徒歩1分 Pなし

予約	望ましい
予算	L 9500円～
	D 1万8000円～

↑ 昭和40年(1965)
にドイツ料理店と
して創業した

↑ 夜はルーマニ
アからのミュージ
シャンによる生演
奏が楽しめる

短角牛
フィレ肉のロティ
ランチコース1万円の一皿

洗練された雰囲気の人気店を楽しむ

街を彩る極上のフレンチ

厳選された魚介や、地元の食材を取り入れた華やかな料理は、
一流シェフの芸術作品。贅沢な時間を味わい豊かな一皿とともに。

横浜フレンチの名店で味わう
繊細な味のハーモニー

横濱元町 霧笛楼
よこはまもとまちむてきろう

元町 **MAP** 付録P.15 D-2

予約	望ましい
予算	L 7000円～
	D 1万2000円～

元町の裏路地にたたずむ、異国情緒あふれる白亜の洋館。
昭和56年(1981)創業の老舗で、食通たちに愛されてき
た繊細で優美な横浜フレンチをいただける。地産地消を
テーマに、厳選された素材の持つ味わいを生かした料理
を季節ごとに提供する。洗練された接客サービスも魅力。

☎045-681-2926
所横浜市中区元町2-96
営11:30～13:00(LO) 17:
30～19:00(LO) 休月・木
曜不定休 交みなとみら
い線・元町・中華街駅から
徒歩4分 Pなし

↑ クラシカルで洗練され
た1階のレストラン店内

元町ランチコース
6300円※サービス料
10～15%は別途
季節の食材をふんだんに
使った全5品のちょっと贅
沢なコース。メインは肉と
魚の両方が味わえる

料理はおまかせのみ
真の贅沢が味わえる隠れ家店

La Banlieue atelier saito
ラ バン リュー アトリエ サイトウ

元町 **MAP** 付録P.15 D-2

タイユヴァン、アピシウスなどの一流店を経て帰国後、村上亭、霧笛楼と横浜を代表する名店の料理長、顧問をそれぞれ務めた斎藤シェフとマダムが切り盛り。ランチ、ディナーともに1組限定のレストランで極上の料理とサービスが堪能できる。

☎045-681-4680
所横浜市中区元町1-49 営12:00〜15:00(L013:00) 18:00〜23:00(L020:00) 休月・火曜 交みなとみらい線・元町・中華街駅から徒歩2分 Pなし

予約	要
予算	L7590円〜
	D1万8975円〜

↻ 元町の路地に建つ名店(右)。シックながら温かみの感じられる店内(左)。パンの酵母にいたるまでシェフの手作り

季節野菜の取り合わせ
コース中の一品。トマトだけでも3種類、ベビーリーフや白、黄色のニンジン、そら豆、グリーンピース、小松菜の花など20種類もの野菜を使用

予約	望ましい
予算	L6500円〜
	D1万1000円〜

季節のおすすめランチコース7800円
季節の旬の食材を最大限に生かした全5皿のコース。写真はメインの仔羊肉のロースト

↻ 見た目も美しい、季節のオードブル6点盛り

シンプルかつ繊細な一皿
本格フレンチに舌鼓

ストラスヴァリウス

関内 **MAP** 付録P.10 A-4

自ら買い出しに出向き、旬の食材の素材感を引き出した、奇をてらわない料理を心がけているという小山シェフ。自家製スモークサーモンなど、手間を惜しまない料理に、お腹も心も満たされる。

☎045-227-7018
所横浜市中区常盤町3-27-2 営11:30〜14:30(L012:30) 17:30〜21:00(L019:00) 休月・火曜 交各線・関内駅から徒歩3分 Pなし

↻ シックな店内は落ち着ける雰囲気

本場イタリアそのままの
活気と味に心地よく酔う

la Tenda Rossa
ラ テンダ ロッサ

関内 **MAP** 付録P.9 F-2

トスカーナ、シチリア、ヴェネツィ
アと、メニューには郷土色豊かな料
理がずらり。食材はイタリアのチー
ズなどと並んで日本各地の名産品を
用い、まさにここにしかない料理が
味わえる。イタリア産の粉を用いて
ていねいに生地を打ち、薪窯で焼く
香ばしいピザも秀逸。

☎045-663-0133
🏠横浜市中区太田町6-75 🕐11:30〜15:00
(LO14:00) 17:30〜22:00(LO21:00) 日曜、
祝日は〜21:30(LO20:30) 🈺月曜ほか月2
回不定休 🚃みなとみらい線・馬車道駅から
徒歩3分 🅿️なし

テンダ名物産直魚介の
ペスカトーレ2800円
魚介がたっぷり入った自慢のパスタ。オイ
ルベースのソースで魚介の旨みを感じられ
る

⊕元気なスタッフのも
てなしが気持ちいい活
気あるイタリアン

◀ワインは約500種
を常備。グラス990円
〜、ボトル5500円〜

予約	要
予算	Ⓛ1800円〜
	Ⓓ5000円〜

食べる●横浜ごはん

地元で評判の心地よいレストランで過ごす

特別な日のイタリアン

アートのような美しさのコース料理や、焼き方にこだわった炭窯のピザなど、
カジュアルな空間で本場の味わいを楽しみたい。

⊕漆喰の壁とテラコッタの床
がぬくもりを演出

街の喧騒を離れた空間で
旬に彩られた料理の数々を

予約	望ましい
予算	Ⓛ4950円〜
	Ⓓ1万670円〜

O Pulecenella
オ プレチェネッラ

横浜駅周辺 **MAP** 付録P.4 B-3

横浜駅からやや離れた場所にありながら、
舌の肥えた常連客が通い詰める人気店。
良質な旬の食材に適切な手間をかけて仕
上げた料理を、メリハリのあるコースに
して提供している。絶妙な火入れや味付
け、素材同士の巧みな組み合わせに魅了
される。

☎045-314-1050
🏠横浜市西区北幸2-13-1
🕐11:30〜14:30(LO14:00) 18:00〜22:30(LO20:
30)、土・日曜、祝日は17:30〜22:00(LO20:00)
🈺月曜(祝日の場合は翌日休) 🚃各線・横浜駅から
徒歩7分 🅿️なし

フェットゥッチェ
春子鯛と蛤のソース
鯛の皮のクロッカンテを添えて
コース(9350円〜)の一皿。もちもちとし
た自家製パスタに魚介の旨みが絡む

じゃがいもで巻いた仔羊背肉の
ロースト トマトビネガーのソー
スとにんにくのクレマ
コース(9350円〜)の一皿。やや酸味のあ
るソースが、滋味豊かな肉を引き立てる

鮮魚のヴァポーレ
オープン以来のスペシャリテ。新鮮な魚介類を旨みたっぷりのハマグリのだしで蒸し上げ、オレンジの香りとともに召し上がれ

イタリア料理の真髄を熟知した
オーナーシェフの技が冴えわたる

Trattoria BiCOLORE Yokohama
トラットリア ビコローレ ヨコハマ

横浜駅周辺 **MAP** 付録P.4 C-4

☎045-312-0553
所横浜市西区平沼1-40-17 モンテベルデ横浜101
営11:30〜15:00(LO13:30) 18:00〜22:00(LO20:30)
休月曜(祝日の場合は翌平日)
交各線・横浜駅から徒歩7分
Pなし

イタリアで14軒の店を渡り歩き、研鑽を積んだ佐藤護シェフの店。気さくなトラットリアだが、料理は高級店を凌ぐ完成度だ。ソースとの相性を計算し尽くした手打ちパスタをはじめ、どの品も味、香り、食感が最高のバランスで調和している。

スパゲッティ
サルデーニャ産カラスミ
葉タマネギ レモンの
ペペロンチーノ1980円
濃厚なカラスミにレモンの酸味が加わって、爽やかながら奥深い味に

↑気取らずに食事が楽しめる心地よい空間

↑静かな街の一角にある

予約 望ましい
予算 Ⓛ3500円〜 Ⓓ1万円〜

非日常感が堪能できる
スペシャルなレストラン

SALONE 2007
サローネ ドゥエミッレセッテ

山下公園周辺 **MAP** 付録P.15 D-1

特別な日を過ごしたいゴージャスなリストランテ。イタリアの伝統料理を再構築した、新しいけれどどこか懐かしい料理が特徴。メニューは昼、夜ともに月替わりのコースのみ。定番以外は二度と同じ料理が出ることはなく、一期一会の出会いにも心ときめく。

☎045-651-0113
所横浜市中区山下町36-1 バーニーズ ニューヨーク横浜店B1 営12:00〜15:30(LO 13:00) 18:00〜22:30(LO 20:00) 休日曜、第1・3月曜 交みなとみらい線・元町・中華街駅から徒歩1分 Pなし

予約 望ましい
予算 Ⓛ5000円〜 Ⓓ1万5000円〜

↑シックでありながらきらびやかなお店

↑メインダイニングのほか、夜は個室も利用できる

マルゲリータ ブーファラ2090円
ナポリ近郊カセルタから取り寄せた水牛のモッツァレラを使用。甘みを抑えたさわやかなトマトソースとの相性抜群

炭窯ピッツァが評判
横浜屈指の人気店

Sisiliya
シシリヤ

関内 **MAP** 付録P.10 B-3

↑席はカウンターが中心

☎045-671-0465
所横浜市中区相生町1-7 和同ビル1F 営17:00〜23:00(LO22:30) 休日曜 交各線・関内駅/みなとみらい線・日本大通り駅から徒歩5分 Pあり

小麦粉、発酵、窯の火、焼き方とひとつひとつを絶えず見直し、試行錯誤しながら進化し続けるピザは、考え抜かれたバランスの良さ。噛むほどに生地の旨みが感じられる逸品だ。種類豊富な前菜、手ごろな価格帯でありながら厳選されたイタリア・ワインとともに味わいたい。

予約 要
予算 Ⓓ3000円〜

↑全室個室で2〜60名の部屋を用意。掘りごたつ席のほか、高座椅子も利用可能

伝統の味と歴史あるたたずまい

美食を求めて和食の老舗へ

創業から守り続ける秘伝の味わいや、見た目も美しい小鉢など、和の食材が並ぶ名店を訪ねる。

↑広重の『東海道五十三次』には田中家の前身の旅籠「さくらや」が描かれている

予約	要
予算	ⓛ7600円〜 ⓓ1万6000円〜

会席料理
1万3800円
デザートを含めた9品と、サービス料、席料、飲み物代も込み

坂本龍馬の妻ゆかりの
横浜最古の老舗料亭

田中家
たなかや

横浜駅周辺 **MAP** 付録 P.5 E-1

↑玄関にはおりょうの写真も

文久3年(1863)創業で、横浜市で江戸時代から続く唯一の料亭。伊藤博文や夏目漱石ほか、多くの著名人に愛され、坂本龍馬の妻おりょうが仲居を務めたことでも知られる。昼夜ともに旬の会席料理が中心だが、葉山牛や天然真クエ(要予約)、ウナギ鍋、スッポン料理なども味わえる。

☎045-311-2621
🏠横浜市神奈川区台町11-1
🕐11:30〜14:00 17:00〜22:00
🈳不定休
🚋各線・横浜駅から徒歩7分
🅿なし

甘口のタレで焼き上げた
ふっくら香ばしい蒲焼の味

元町濱新
もとまちはましん

予約	望ましい
予算	Ⓛ6000円〜
	Ⓓ6000円〜

元町 **MAP** 付録P.15 D-2

厳選した国産ウナギを、注文を受けてから割いて蒸し、備長炭で焼き上げる。蒸し時間を短めに抑え、ウナギの風味や食感を存分に生かすのが信条だ。創業以来注ぎ足し続けるタレは、甘口の関西風。人気のうな重は、やや硬めに炊いたご飯との相性も抜群。

☎045-681-1808
🏠横浜市中区元町3-143
🕐11:30〜15:30(LO14:30)
17:00〜20:30(LO19:30) 土・日曜、祝日は〜21:00(LO20:00)
※ウナギがなくなり次第閉店
🏠月・火曜 🚃みなとみらい線・元町・中華街駅から徒歩5分
🅿なし

⏰昭和4年(1929)から3代続く老舗。店内はモダンな雰囲気が漂う

うな重(五本口)5390円
※ウナギの仕入れ値により変更の場合あり
大ぶりのウナギをまるごと一匹使用。
肉厚の身に脂がのって美味

明治創業以来の伝統の味
最高級の牛肉を使った牛鍋

じゃのめや

予約	望ましい
予算	Ⓛ4000円〜
	Ⓓ8000円〜

伊勢佐木町 **MAP** 付録P.12 B-2

明治26年(1893)、牛鍋ブームの最中に創業し、現在は5代目が伝統の味と暖簾を守る。創業以来、徹底して素材にこだわり、各産地で育成された黒毛和牛のブランド牛のうち、最高ランクの格付けA5の牛肉を使用した極上の牛鍋、しゃぶしゃぶが味わえる。

☎045-251-0832
🏠横浜市中区伊勢佐木町5-126 🕐17:00〜21:00(LO) 土・日曜、祝日12:00〜 🏠月曜、第1日曜、12〜1月は不定休 🚃地下鉄・阪東橋駅／京急・黄金町駅から徒歩5分 🅿あり

↑ゆったりとしたテーブル席

↑伊勢佐木町の歴史とともに歩んできた店

⏰2〜50名までの個室が7部屋あり、宴会や慶事、法事などにも利用されている

特選牛鍋コース
1万3000円
※サービス料別途
先付、前菜、刺身、ほか一品、和牛霜降り肉130g、ざく、香の物、ご飯またはきしめん、デザートが付く。写真は3人前

フグとウナギの贅沢コース（期間限定）
1万3750円（税込／サービス料10%別）
季節の茶碗蒸し、ふぐ刺、ふぐ煮こごり、ふぐ唐揚、うな重肝吸、お新香、自家製の甘味がついた、豪華なコース料理

桜木町 **MAP** 付録P.6 A-4

明治創業の老舗で
上質なフグとウナギをいただく

岩亀 本店
がんき ほんてん

五代目の主人が務めるフグとウナギの料理店。店構えから老舗の雰囲気が漂い、自慢のウナギを堪能できる。夜には肉厚のウナギ料理はもちろん、フグ料理や金目のコース料理なども用意しており、最高品質の食材をおいしく味わえる。

☎**045-231-7683**
📍横浜市西区戸部町5-177 🕐12:00～14:00、17:30～22:00（LO21:00) 休日曜、祝日 🚃各線・桜木町駅から徒歩10分 🅿なし

⬆新しい暖簾をかけ、和情緒あふれる店構え

⬆老舗の風格を感じる店内
⬇落ち着いた雰囲気の個室がありくつろぎの食事を

予約	可
予算	Ⓛ4500円～
	Ⓓ1万円～

季節の天然ものにこだわる
完全個室の大人の美食処

梅林
ばいりん

予約	望ましい
予算	Ⓛ4000円～
	Ⓓ1万円～

伊勢佐木町 **MAP** 付録P.9 E-3

昭和17年(1942)創業で、3代続く日本料理店。毎朝、豊洲で仕入れる厳選素材を使用し、天然のウナギやトラフグ、オコゼ、伊勢エビなど旬の味覚を堪能できる。生きた食材から選べる特選料理や名物のウナギの朴葉蒸しもおすすめ。

⬆裏通りにたたずむ5階建て

☎**045-251-7656**
📍横浜市中区吉田町52 🕐11:30～15:00 17:00～22:00 休日曜の夜 🚃各線・関内駅から徒歩5分 🅿なし

⬇和室のほか椅子とテーブルの洋室も用意されている

旬の味覚を揚げたてで提供
名物は伝統ダレのかきあげ丼

天吉
てんきち

予約	望ましい
予算	Ⓛ990円～
	Ⓓ4000円～

関内 **MAP** 付録P.10 A-4

明治5年(1872)創業で、現在は5代目と6代目が暖簾を守る老舗の天ぷら料理店。駅前のオフィス街という立地ながら、瓦葺きの日本家屋で、店内は落ち着いた雰囲気。冬はかきの天ぷらなど、旬の食材をリーズナブルに提供している。

⬆目の前で揚げるカウンター席

☎**045-681-2220**
📍横浜市中区港町2-9 🕐11:30～14:30(LO) 17:00～20:30(LO) 休月曜 🚃各線・関内駅から徒歩1分 🅿なし

うなぎコース **8250円**
一色産のウナギの蒲焼と白焼き、お造り、頭焼き、心臓酒なども付く

濱天丼 **1780円**
小かきあげ、イカ、キス、シシトウがのった天丼、お新香、味噌汁付き

春鶯亭ひら
しゅんおうていひら

2店舗の良さを生かした
季節の創作料理が絶品

元町 **MAP** 付録P.15 D-2

↑ 広々として落ち着いた雰囲気の店内

**2店舗の良さを生かした
季節の創作料理が絶品**

春鶯亭ひら
しゅんおうていひら

元町 **MAP** 付録P.15 D-2

昭和50年(1975)創業、横浜
元町の老舗「元町梅林」と、体
にやさしい野菜料理を提供す
る「健食優菜ひら」がひとつ
になった料理店。季節に合わ
せたお任せコースとアラカル
ト料理を味わえる。

予約	可
予算	L定食1210円〜 コース8800円〜 D1万6500円〜

☎045-662-2215
所横浜市中区元町1-55
⏰12:00〜15:00、17:30〜22:30
休月曜
交みなとみらい線・元町・
中華街駅から徒歩5分
Pあり

**春鶯亭コース
1万6500円**
エビやフグといった高級食材をて
いねいに調理した豪華なコース料
理。季節を感じられる極上の味

↑ 老舗の貫禄を感じる店内

**ウナギの粋を知り尽くした
老舗店の味に舌鼓**

割烹蒲焼わかな
かっぽうかばやきわかな

関内 **MAP** 付録P.9 F-3

明治5年(1872)創業の老舗ウ
ナギ店。「わかなのうな丼は焼
きたて、炊きたてであること」
と言う6代目。同店にはウナ
ギの割き、串打ち、焼きだけ
でなく「ご飯炊き」の職人が
おり、あつあつで香り高いご
はんがウナギのおいしさをよ
り際立たせている。

☎045-681-1404
所横浜市中区港町5-20
⏰11:00〜20:30
休水曜(祝日の場合は営業)、不定休
交各線・関内駅から徒歩3分
Pなし

予約	3階座敷のみ予約可
予算	L5000円〜 D7000円〜

うな丼4200円
ウナギは三河産。甘みを抑えたタレ
がご飯の芯まで染み込む

↑ 洗練されたビル1階に暖簾を掲げる

美食を求めて和食の老舗へ

**炊きたての伝統の釜めしと
季節料理と地酒の老舗**

お可免
おかめ

伊勢佐木町 **MAP** 付録P.12 C-1

おでん屋として起業した初代女将が
茶飯をヒントに釜めしを考案し、昭
和2年(1927)創業。以来90年間変わ
らぬ味を守り続け、季節ごとに旬の
食材を使った釜めしが常時6〜7種類
ほどメニューに並ぶ。ほかには刺身、
天ぷら、柳川、そしてアンコウ鍋や
カキ鍋などもあり、地酒も揃う。

☎045-261-3133
所横浜市中区蓬莱町1-1
⏰16:00〜22:00(LO 21:00)
日曜〜21:00(LO 20:30)
休月曜 交地下鉄・
伊勢佐木長者町駅から徒歩5分
Pなし

予約	望ましい
予算	D4000円〜

**五目釜めし
1100円**
たけのこ、ニンジン、シイ
タケがたっぷり入り、具材
から下味をつけ香ばしく、
ふっくら炊き上げる

↑ 昭和23年(1948)頃の建築という建物。
イセザキ・モールと並行する裏路地にある

↑ 歴史を感じさせる店内は、魚拓が飾ら
れた座敷のほか、テーブル席もある

105

港町で育まれた看板メニュー
昔ながらの洋食店

横浜開港から異人が暮らした街角には、愛され続ける
洋食店が並ぶ。先代から守り抜く、懐かしい味に舌鼓。

↑昭和の時代にタイムスリップしたような、レトロな空間が広がる（グリル・エス）

グリル・エス

関内 **MAP** 付録P.10A-3

高級素材を惜しみなく使い
丹精込めて作る伝統の洋食

約2週間かけて仕上げるデミグラ
スソースをはじめ、料理はすべて
手間をかけた手作り。最高級の和
牛を使ったステーキは、肉本来の
濃厚な味がしっかりと感じられる。
昼は巨大なオムライスが人気。

↑60年以上の歴史を持つ洋
食店。2階には座敷もある

☎045-681-2581
所横浜市中区相生町5-89　営11:30～14:
00(LO13:45) 17:00～21:00(LO20:30)　休
日・月曜　交みなとみらい線・馬車道駅か
ら徒歩3分　Pなし

| 予約 | 昼は不可
夜は望ましい |
| 予算 | L 2300円～
D 5000円～ |

↑最高級A5ランクサーロインステーキ(200g)5500円、具だくさんのオムライ
ス1800円

山手ロシュ
やまてロシュ

山手 MAP 付録P.15 E-2

山手情緒あふれる店内で
自慢料理を目と舌で楽しむ

山手本通りにある洋食店。「わざわざ食べに来てくれる方たちをがっかりさせたくなくて」と話す料理長に妥協は一切なし。味の決め手となるソース類、スープ類はすべてお手製。ていねいに作られた深い味わいに魅了され、代々通う常連客も多い。

予約	不可
予算	L1800円〜 D2000円〜

☎045-621-9811
所横浜市中区山手町246 カーネルスコーナー1F 営11:00〜19:30(LO18:50) 休月・火曜 交みなとみらい線・元町・中華街駅から徒歩3分 Pなし
↑山手の自然が望める開放感ある店内

→10日以上かけて作る特製デミグラスソースが堪能できるビーフシチューハンバーグセット2500円。ライスとの相性抜群

←「付け合わせやサラダのドレッシングまで丹念に作っています」と小林さん

洋食キムラ 野毛店
ようしょくキムラのげてん

野毛 MAP 付録P.9 E-3

80年余続く洋食店の
変わらぬおいしさ

予約	可(4名以上 コースのみ)
予算	L1500円〜 D3000円〜

名物は創業当時から変わらないハンバーグ。「先代から味は変えるなと厳しく言われている」とキムラの味を守り続ける。表面を仮焼きし、一晩寝かせたハンバーグはソースと絡み合い、口の中でほろほろと溶けていく。

☎045-231-8706
所横浜市中区野毛町1-3 営11:30〜14:00(LO) 17:00〜20:30(LO)(日曜、祝日は〜20:00(LO)) 休月曜(祝日の場合は翌日) 交各線・桜木町駅から徒歩5分 Pなし

↑落ち着いた雰囲気の店内。厨房では3代目が腕をふるう

↑貝殻形の鉄板に盛られたハンバーグセット1660円。卵は真珠をイメージ

米国風洋食 センターグリル
べいこくふうようしょく センターグリル

野毛 MAP 付録P.9 E-3

子どもの頃に大好きだった
懐かしの味に出会う

予約	不可
予算	LD800円〜

戦後間もなく野毛の地に開店。「安くておいしくてボリュームがあるものを」という初代店主の思いは今も変わらず受け継がれている。ケチャップ仕立てのナポリタンはホテルニューグランドの初代料理長が伝授した人気メニュー。

☎045-241-7327
所横浜市中区花咲町1-9 営11:00〜19:45(LO) 休月曜(祝日の場合は翌日)、第1火曜 交各線・桜木町駅から徒歩5分 Pなし

→木のぬくもりを感じさせる落ち着いた雰囲気の店内

↑一晩寝かせてもちもちに仕上げた極太麺のナポリタン850円

なじみ深い名物料理はここから始まった

ホテルニューグランド生まれのとっておき料理

横浜の歴史とともに歩んできたホテルニューグランド。
この地が発祥とされる料理の誕生秘話とは。

異国情緒あふれる横浜の街とともに長い歴史を刻んできたクラシックホテル

昭和2年(1927)開業以来、国内外のVIPを迎えてきたホテルニューグランド。初代総料理長サリー・ワイルによる本格的なフランス料理は好評を博し、日本における西洋料理の先駆けとなった。戦後は7年間GHQに接収され、最高司令官マッカーサーが滞在したことでも有名。ほかにも、チャップリン、ベーブ・ルース、大佛次郎など、このホテルを訪れた著名人は数多く、歴史と伝統を受け継ぐ日本有数のクラシックホテルとして愛されている。

↩ 開業当日の玄関前。関東大震災後の復興のシンボルとして開業

この地から日本全国に広まった発祥洋食の味わいを存分に堪能

ホテルニューグランドで誕生した洋食メニューを取り揃えるレストランが、本館1階にある**コーヒーハウス「ザ・カフェ」**。伝統のレシピを継承し、今も変わらない味を提供している。店内はカジュアルな雰囲気で、木目調の内装が心地よい。

コーヒーハウス「ザ・カフェ」
山下公園周辺 **MAP** 付録P.11 E-4
☎045-681-1841(代表) 🕙10:00〜21:30(LO21:00)
🈲無休 🚃みなとみらい線・元町・中華街駅1番出口から徒歩1分 🅿あり

↩ 初代総料理長サリー・ワイルと料理人たち

シーフードドリア

サリー・ワイルが、体調を崩した外国人客のために「何か喉の通りのよいものを」と考えて生み出した料理。バターライスにエビのクリーム煮と滑らかなグラタンソースをのせて焼いたもので、この料理はホテルニューグランドの名物料理として今も変わらず愛され続けている。

スパゲッティナポリタン

米兵がスパゲッティにトマトケチャップをかけて食べていたことをヒントに、2代目総料理長・入江茂忠が考案。ケチャップでは味気ないと考え、生のトマトを使った自家製ソースで仕上げた。現在もケチャップは一滴も使用していない。

プリン・ア・ラ・モード

甘いもの好きなアメリカ人将校夫人たちを喜ばせるために作られたデザート。プリン、アイスクリーム、色とりどりのフルーツを華やかに盛り付けるため、オードブル用の器が用いられた。「ア・ラ・モード」は「最新の、流行の」を意味するフランス語。

ホテルニューグランド内のこちらもおすすめ

贅沢なひとときを満喫
ロビーラウンジ「ラ・テラス」

フロントロビーと本館をつなぐ優雅なラウンジ。3段重ねのアフタヌーンティーセットが人気で、紅茶のほか、シャンパンとも相性ぴったり。
山下公園周辺 **MAP** 付録P.11 E-4
☎045-681-1841(代表) 🕙12:00〜20:00(LO19:30)※土・日曜、祝日は10:00〜)🈲無休

↩ 格調高い空間でゆったり過ごせる

↩ アフタヌーンティーセット6072円(写真は2名分)

食べる◉横浜ごはん

地元自慢の逸品・有名店

ご当地グルメや1号店など、地域に根付いた定番のお店。一度は立ち寄りたい店をご紹介。

サンマーメンの老舗

玉泉亭
ぎょくせんてい

予約	可
予算	
LD	800円～

伊勢佐木町 MAP 付録P.12 C-2

大正7年(1918)創業。戦後、2代目が考案したといわれるサンマーメンは、のちに県内各地に広まり、今や神奈川のご当地グルメとなった。ほかにもバンメン、中華ランチと伝統の味を守り続ける。

☎045-251-5630
🏠横浜市中区伊勢佐木町5-127 🕐11:00～21:00(LO20:30)※要問合せ 🏢火曜 🚇地下鉄・伊勢佐木長者町駅から徒歩5分 🅿なし

🔹遠くから通う客も多い人気店。庶民的な雰囲気が心地よい

🔹野菜や豚肉を炒めてあんかけにし、ラーメンの上にのせたサンマーメン800円。とろみのある具が麺によく絡む。余計な混ぜ物のないシウマイ600円も美味

老舗のいなり寿司を堪能

泉平
いづへい

関内 MAP 付録P.10 A-3

創業は天保10年(1839)。横浜開港当時、札差の泉屋平佐衛門が江戸前寿司を売って名を上げ、2代目がいなり寿司で繁盛させたといわれる老舗。伝統の元汁を使い、細長いいなり寿司を半分に切ってあるので食べやすい。日持ちする真空パックも好評。

☎045-681-1514
🏠横浜市中区尾上町5-62-2 🕐10:00～20:00 🏢無休 🚇各線・関内駅からすぐ 🅿なし

🔹馬車道交差点にある

🔹かんぴょう巻きの詰め合わせ、まぜ1000円

横浜きっての人気グルメスポット

開業以来多くの人を魅惑する

新横浜ラーメン博物館
しんよこはまラーメンはくぶつかん

新横浜 MAP 付録P.19 F-4

昭和33年の街並みを再現した館内に、国内各地の選りすぐり人気ラーメン店が集うテーマパーク。各店が用意する少量の「ミニラーメン」650円～(1杯)は、より多くの味が楽しめるのでおすすめ。

☎045-471-0503
🏠横浜市港北区新横浜2-14-21 🕐11:00～21:00(LO20:30) 🏢無休 🅹380円、小・中・高校生・シニア100円 🚇各線・新横浜駅から徒歩5分 🅿あり

🔹各店の詳細は公式サイト
www.raumen.co.jp

🔹古き良き時代を彷彿させる館内

予約	望ましい
予算	Ⓛ3800円〜
	Ⓓ7000円〜

↑創業時のスピリットを残しつつ一新したメインダイニング

麻婆豆腐2500円
（小2〜4人前）（奥）
辛さしっかり、さらには旨みと香りが豊かでご飯との相性ぴったり
宮保蝦球5100円
（小2〜4人前）（手前）
唐辛子の辛さを山椒が際立たせた、殻むきエビの唐辛子炒め

横浜中華街の極上料理に舌鼓
これこそ王道
高級老舗

重厚な雰囲気の店内や、盛り付けの美しい料理など、
歴史を感じさせる高級店はどこも見逃せない。

やっぱりおいしい
日本屈指の老舗四川料理店
重慶飯店 本館
じゅうけいはんてん ほんかん

MAP 付録P.17 D-1

↑7階建ての本館は中華街のランドマーク

60年以上続く、日本でも屈指の老舗四川料理店。地上7階建てで1階にショップ、2階がダイニング、そのほかは多彩な個室とバンケットルームが揃う。四川料理の伝統と革新の味をモダンな空間で提供している。

☎045-641-8288
所横浜市中区山下町164　営11:30〜15:00（LO14:00）、17:00〜21:00（LO20:00）※金曜は〜22:00（LO21:00）、土曜11:30〜22:00（LO21:00）日曜、祝日は〜21:00（LO20:00）　休無休　交みなとみらい線・元町・中華街駅から徒歩2分　Ｐなし

↑ 上海の家具や調度品を配したノスタルジックな店内

古き良き時代を彷彿させる
レトロな空間で味わう上海料理
状元樓
じょうげんろう

MAP 付録 P.17 D-2

異国情緒漂う店内は、フランス租界時代の上海を思わせる雰囲気。伝統的な上海料理からモダンな創作料理まで、300種類以上の料理はどれも一切手抜きのない逸品揃いだ。

☎045-641-8888
所 横浜市中区山下町191 営11:30～16:00 17:00～22:00 (LO21:30) 休 土・日曜、祝日11:30～22:00(LO21:30) 休無休 交 みなとみらい線・元町・中華街駅から徒歩3分 Pなし

予約	望ましい
予算	(L) 2000円～
	(D) 6000円～

◁ 60年以上の歴史を持つ

ロブスター黒豆
ソース炒め6600円(左)
ロブスターのプリッとした食感を残してコクのある黒豆ソースと炒めた料理
フカヒレ姿の土鍋煮込み
Regularサイズ
1万1330円～(右)
毎日8時間かけて作る白湯スープで上質なフカヒレをじっくり煮込んである

極上の素材と技が織りなす
伝統ある正統派の北京料理
華正樓 新館
かせいろう しんかん

MAP 付録 P.17 D-1

予約	望ましい
予算	(L) 4000円～
	(D) 7000円～

昭和14年(1939)創業以来、北京料理の王道を貫いてきた名店。一見するとシンプルな料理にも、驚くほどの手間がかけられ、巧みな技で奥深い味に仕上げられている。陸干しした気仙沼産のフカヒレを丹念に戻し、自家製の白湯で煮込んだフカヒレスープは絶品。

☎045-661-0662
所 横浜市中区山下町164 営11:30～22:00 (LO21:15) 休無休 交 みなとみらい線・元町・中華街駅から徒歩3分 Pなし

↑ 個室もあり、少人数から130名まで利用できる

青梗菜と干し貝柱の煮込み
2420円(奥左)
干し貝柱の凝縮された旨みと、チンゲン菜の歯ざわりが絶妙
蟹肉入りフカヒレスープ
1980円(1人前)(奥右)
舌に絡みつくような濃厚な味わいが楽しめる。注文は2名から
車海老の炒め3740円(手前)
あっさりとした味付けで、それぞれの具材の味や食感が生きている

料理ジャンル別ガイド

広東料理

海産物などの素材の
旨みを生かし、あっさりとした
味わいに仕上げる
広東地方の料理。

横浜中華街の料理人が通う店として名高い

景珍楼 中華街本店

けいちんろう ちゅうかがいほんてん

MAP 付録P.16 A-3

創業当初から、本場の料理人が食材を目利き、吟味して本格広東料理を提供する。野菜や肉、フカヒレなどは国産素材を使用し、本場の調味料などを加えて仕上げ。名物の豚バラ肉の角煮は、全国にファンがいるほどの人気。家族経営で、アットホームな空間なのもうれしい。

☎045-663-6228
所横浜市中区山下町218 営11:00～23:00(LO22:45) 休無休
交みなとみらい線・元町・中華街駅から徒歩6分 Pなし

予約 可
予算 Ⓛ1000円～ Ⓓ2000円～

豚バラ肉の角煮1980円(税別)は秘伝のタレとトロトロな豚肉の絡みが絶品

飲み放題コースなどもある

高級感あるテーブル席

赤い看板が目印

中華菜館 同發本館

ちゅうかさいかん どうはつほんかん

MAP 付録P.17 D-2

チャーシューなど秘伝の焼き物が◎

明治後期に焼き物・乾物店として創業。別館や菓子売店などを展開し、本館には焼き物売店があり、ショーウインドーに並ぶ焼き物が目印。焼き方もタレも香辛料もすべて秘伝という焼き物をじっくり味わいたい。

☎045-681-7273
所横浜市中区山下町148 営11:00～21:30(LO20:30) 休無休 交みなとみらい線・元町・中華街駅から徒歩3分 P提携駐車場あり

予約 可
予算 Ⓛ1500円～ Ⓓ5000円～

人気の焼き物2品が一度に味わえるチャーシュー＆皮付き豚バラ肉の焼き物2500円

中華街大通りにある老舗で、幅広い客層に支持されている。1～3階が客席で1階には焼き物の売店がある

牡丹園

ぼたんえん

予約 可
予算 Ⓛ600円～ Ⓓ2000円～

MAP 付録P.16 C-2

広東料理をベースにした創作料理や四季折々の家庭料理が好評。おすすめはフカヒレおこげや大海老のマヨネーズ和えなどの海鮮料理のほか、ランチセット700円で食べられる牛バラチャーハンも人気。

創作のオリジナル海鮮料理が好評

☎045-651-9168
所横浜市中区山下町147
営11:30～14:00 17:00～20:00(LO) 土・日曜、祝日11:00～20:00(LO) 休月曜(祝日の場合は営業) 交みなとみらい線・元町・中華街駅から徒歩5分 Pなし

有名人の色紙がいっぱい

生ウニとイクラをふんだんに使ったこの店のオリジナル、生ウニの中華風茶碗蒸し(2～3人前)3500円

四川料理

山椒の一種である麻と、
四川特産の唐辛子を使った
辣を合わせた、
しびれるような辛さ。

シェフも食材も本場の本格四川料理

京華樓 本館
きょうかろう ほんかん

MAP 付録P.17 D-3

四川省出身のシェフが日本人向けにアレンジすることなく本場の味を提供。人気は、唐辛子の辛さに花山椒のしびれを効かせ15種類以上のスパイスを使った四川麻婆豆腐1870円、魚の青花山椒麻辣煮込み3080円などを味わいたい。

☎045-211-2866
所横浜市中区山下町138 営11:30（土・日曜、祝日11:00）〜21:30(LO) 休無休 交みなとみらい線・元町・中華街駅から徒歩5分 Pなし

予約 可
予算 L 750円〜
D 3000円〜

↑ 冷やし四川担々刀削麺1210円（5月中旬〜9月限定メニュー）

↑中華街大通りに別館もある（左）。3階まで全170席ある大型店（右）

ジャンル別ガイド 広東料理 四川料理

福満園別館
ふくまんえんべっかん

MAP 付録P.17 D-2

福建料理の本館、四川料理の新館があるが、ここは四川料理と湖南料理の専門店。湖南料理は四川料理よりも辛く、香味、辛み、酸味が特徴で、激辛好きにはおすすめ。

☎045-662-0003
所横浜市中区山下町137
営11:00〜22:00(LO)
休無休 交みなとみらい線・元町・中華街駅から徒歩5分 Pなし

予約 可
予算 L 750円〜
D 1500円〜

↑ 歯ごたえのある海鮮が入った海の幸入り陳麻豆腐1900円

四川の辛さを凌ぐ湖南料理

↑市場通りの中ほどにある

↑個室も完備し、宴会メニューも充実

景徳鎮本店
けいとくちんほんてん

MAP 付録P.17 D-3

中華街を代表する四川料理専門店。大粒の四川唐辛子と花山椒がたっぷり入った麻婆豆腐をはじめ、独特の旨みを生かした四川料理が楽しめる。辛さの調節もしてくれる。

☎045-641-4688
所横浜市中区山下町190
営11:30（土・日曜、祝日11:00）〜22:00(LO21:30)
休無休 交みなとみらい線・元町・中華街駅から徒歩5分 Pなし

予約 可
予算 L 800円〜
D 3000円〜

↑落ち着いた雰囲気の2階席

本場の辛さと味が冴える

↑独特の風味と辛さの四川麻婆豆腐1990円

料理ジャンル別ガイド

北京料理

北京ダックや水餃子など、
鶏肉や小麦粉を使用。
繊細で見た目も美しい
北京の宮廷料理。

関帝廟通り入口の地久門に隣接

華都飯店

かとはんてん

MAP 付録P.16 B-4

外観や店内のインテリアなど高級感があるが、手ごろな値段で食事ができる。おすすめは、もちもちの食感の水餃子、ビールとの相性が抜群のキュウリとニンニクの冷菜、エビマヨとエビチリが食べられる車海老の二色炒めなど。

☎045-641-0335
所横浜市中区山下町166
営10:30〜21:00 休水曜
交みなとみらい線・元町・中華街駅から徒歩8分 Pあり

予約 可
予算 L800円〜 D2000円〜

↑台北の有名デザイナーが手がけた店内は宮廷風のつくり

↑店頭では中華菓子を販売

←人気メニューの担々麺990円

人気は北京ダックと小籠湯包

横浜中華街 北京飯店

よこはまちゅうかがい ぺきんはんてん

MAP 付録P.17 F-1

朝陽門の隣に建つ。昭和30年(1955)創業で、日本で初めて北京ダックを提供したといわれる老舗。一番人気は、あふれる肉汁が自慢の小籠湯包。看板メニューの北京ダックは予約なしで食べられる。

☎045-681-3535
所横浜市中区山下町79-5 営11:30〜22:00 休無休 交みなとみらい線・元町・中華街駅からすぐ
P提携駐車場利用

←パリッと香ばしい北京ダックは手作りの甜麺醤(テンメンジャン)でいただく。4枚〜4400円

予約 可
予算 L1000円〜 D3000円〜

↑パーティに最適な2階席

料理ジャンル別ガイド
上海料理

新鮮な魚介と砂糖や黒酢、醤油を中心とした調味料で作り出す、上海地方の濃厚な味わい。

海鮮を使った上海の創作郷土料理

三和楼
さんわろう

MAP 付録P.17 D-3

海の幸をふんだんに使用し、素材の味を生かしたさっぱり味の上海料理が好評。上海ガニ肉入りフカヒレの姿煮込みや蘇州名物骨付き豚すね肉の煮込みなど、この店ならではの上海の郷土料理が食べられる。

☎045-681-2321
所横浜市中区山下町190
営11:30〜21:30（LO20:45）　休水曜
交みなとみらい線・元町・中華街駅から徒歩5分
Pなし

西湖名産の龍井茶とエビの香り炒め、龍井暇仁2200円

予約　可
予算
Ⓛ1000円〜
Ⓓ3000円〜

関帝廟通りに昭和37年(1962)創業

個室もあり、洋間と座敷がある

女性にうれしいコースが充実

四五六菜館 新館
しごろくさいかん しんかん

MAP 付録P.16 C-3

中華街に4店舗展開。新館では、少しずつ多くの種類の料理が食べられるよう配慮したコースメニューが充実し、女性に好評。人気の孫麻婆豆腐や四五六小籠包のほか、自家製チャーシューもおすすめ。

予約　可
予算
Ⓛ770円〜
Ⓓ3000円〜

☎045-664-4569
所横浜市中区山下町166
営11:30（土・日曜、祝日11:00）〜22:00（土曜、祝前日は〜23:00）LOは各30分前　休火曜　交みなとみらい線・元町・中華街駅から徒歩6分
Pなし

数々の受賞歴のあるこだわりの逸品、四五六小籠包880円

四五六麻婆豆腐1980円。しびれる辛さの「麻」と唐辛子が効いた「辣」がバランス良く感じられる一品

横浜関帝廟の斜め向かいにあるおしゃれな建物

料理ジャンル別ガイド
名物料理

こだわりの素材や技で
ていねいに調理して提供する
横浜中華街の隠れた名店。
店自慢の料理を堪能しよう。

広東料理と独創的な創作海鮮料理

食べる●横浜中華街

⤴ 長崎産アカハタの蒸し物、時価

獅門酒楼
しもんしゅろう

予約	可
予算	Ⓛ800円〜
	Ⓓ4000円〜

MAP 付録P.16 C-2

海鮮料理を中心に四季折々の食材を使った
オリジナルメニューが充実。活きたままの
サイマキ海老を中国酒に漬けて酔っ払わせ、
すぐに湯引いた名物料理、活き酔っぱらい
海老の湯引きをはじめ、香港式活アワビの
焼きパイ、海老とマンゴーのサクサク変わ
り揚げなど、貴重な料理を味わえる。

☎045-662-7675
所横浜市中区山下町145 営11:30〜14:00、16:30
〜21:30(LO21:30) 休水曜 交みなとみらい線・元
町・中華街駅から徒歩5分 Ｐなし

➡1階はテーブ
ル席で、2階に
は個室が7部屋
ある
➡関帝廟の近
くの中山路にあ
る

↑ 最後は麺で締める渡り蟹の炒め3465円

創作中華料理店 興昌

そうさくちゅうかりょうりてんこうしょう

予約	可
予算	Ⓛ800円〜 / Ⓓ2750円〜

MAP 付録P.16 C-3

名物料理は、にんにくの効いたソースで炒めた渡り蟹の炒めで、単品もあるが、2500円以上のコースで食べられる。フォアグラのＸＯ醤ソース、フカヒレの刺身もおすすめ。

☎045-681-1293
�横浜市中区山下町139
🕐12:00〜14:00 17:00〜20:50(LO) 土・日曜、祝日12:00〜20:50(LO)
㊡水曜(祝日の場合は営業)
🚃みなとみらい線・元町・中華街駅から徒歩6分
Ⓟなし

⤴ カジュアルな店内

酒家 桃源邨 本店

しゅか とうげんとん ほんてん

MAP 付録P.17 F-2

中国や台湾家庭料理を提供し、台湾ソウルフードの大腸麺線やルーロ飯が人気で、冬には期間限定で特選酔っ払い上海蟹が味わえる。希少な年代別の生の甕出し紹興酒がおすすめ。

予約	可
予算	Ⓛ800円〜 / Ⓓ2000円〜

☎045-651-0927
㊠横浜市中区山下町81
🕐11:00〜14:00 16:00〜21:00(土・日曜、祝日の場合は翌日)
㊡水曜(祝日の場合は翌日)
🚃みなとみらい線・元町・中華街駅から徒歩1分
Ⓟなし

↑ 駅近で立ち寄りやすい

↑2023年8月にリニューアルオープン

↑ パクチーがたっぷりの大腸麺線800円

山東2号店

さんとんにごうてん

MAP 付録P.16 C-2

予約	可
予算	Ⓛ750円〜 / Ⓓ1600円〜

オーナーの出身地、山東省の水餃子が名物で、ココナッツを使った秘伝のタレでいただく。このほか大正エビの香味揚げや若鶏の香味揚げなど、山東地方の家庭料理が味わえる。

☎045-212-1198
㊠横浜市中区山下町150-3
🕐11:00〜23:00 ㊡無休 🚃みなとみらい線・元町・中華街駅から徒歩5分 Ⓟなし

↑ ゆったりとした2階席

⤴ 秘伝のタレでいただく水餃子770円

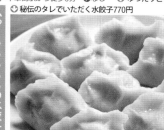

味わい深い創作中国料理

ジャンル別ガイド 名物料理／中華粥

ふっくらもちもちの水餃子

ふかひれ入り蒸しぎょうざ
(2個)960円
エビあんを包んだ餃子の上にフカ
ヒレをのせた贅沢な逸品。香菜が
隠し味となっている

元祖海老のウエハース巻
揚げ(2本)760円
外側はサクサクとした軽い食感、
中には大ぶりのエビがたっぷり。
黄ニラの香りがアクセントに

とろ~り金のゴマだんご
(2個)520円
アヒルの塩卵を使ったオリジナ
ルデザート。上品な甘みがあり、
とろりと濃厚な黄身が絶妙

↑ バラエティ豊かな点心の数々に目移りしそう

料理人の繊細な調理術

彩り豊かな
飲茶の時間

華やかな色合いと種類豊富な点心は、
見て美しい、選んで楽しい定番メニュー。
円卓でお茶と一緒にゆっくり味わいたい。

腕利きの厨師が紡ぎ出す
本場香港の味を堪能したい

菜香新館

さいこうしんかん

MAP 付録P.17 E-2

約50種類におよぶ点心は、香港から招いた
厨師による手作り。2個から注文でき、日本
ではあまりお目にかかれない点心も提供す
る。飲茶のほかにも、北京ダックやフカヒ
レ姿煮など、幅広い広東料理を取り揃える。

☎050-3196-2794

所横浜市中区山下町192　営11:30～15:30(LO14:30)
17:00～21:30(LO20:30)土・日曜、祝日11:00～15:
00(LO)16:30～21:30(LO20:30) ※ コースLOは通常
LOの1時間前　休火曜ほか不定休あり　交みなとみ
らい線・元町・中華街駅から徒歩3分　P提携駐車場
利用

↑ ゴールドの外壁が印象的

予約	可
予算	Ⓛ3000円～
	Ⓓ5000円～

鶏の脚黒豆みそ蒸し
740円
ゼラチン質のやわらかい鶏の脚を甘辛く味付けした、香港ではポピュラーな点心のひとつ

海老入り蒸しクレープ
(2本)720円
米粉をベースにした生地は、ほんのり甘みがあり、プルプルとした食感がクセになるおいしさ

↑半円形のソファを配した2階の円卓

↑ふかひれ海老餃子(2個)1600円。プリプリのエビと高級フカヒレの繊細な食感がマッチした人気メニュー

↑ホタテキシメン包み(2本)960円。プルンとした独特の皮でホタテを包んだ点心。甘めのタレでいただく

老舗が手がける
洗練された飲茶専門店

萬珍樓 點心舖
まんちんろう てんしんぽ

予約	望ましい
予算	Ⓛ3000円〜 Ⓓ6000円〜 ※サービス料別途10%

Ⓜ️ⒶⓅ 付録P.16 B-1

横浜中華街で、オーダースタイルの飲茶を最初に始めたのがこの店。厳選した素材の味を生かし、伝統の調理法をもとに熟練の職人が腕をふるう。点心の種類は約50以上と豊富で、ゴマ団子などの甘い甜点心もおすすめ。

☎045-664-4004 📍横浜市中区山下町156 🕐11:00〜15:00(LO14:00)17:00〜22:00(LO21:00)※金曜は8:00〜、土・日曜、祝日8:00〜22:00(LO21:00) 🈂月曜(祝日の場合は営業) 🚉みなとみらい線・元町・中華街駅から徒歩5分 🅿提携駐車場あり

↑落ち着いた色調で統一された店内

彩り豊かな飲茶の時間

中国茶を楽しむ 茶藝館&カフェ

茶葉の香りが広がる落ち着いた店内で、
本場のお茶の楽しみ方を体験する優雅な時間。

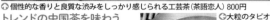

個性的な香りと良質な渋みをしっかり感じられる工芸茶（茶語恋人）800円

上品な香りと風味のお茶を選ぶ

天仁茗茶
てんじんめいちゃ

MAP 付録P.14 B-1

中国茶販売の専門店。金色の
茶缶に入ったお茶の葉は約50
種あり、100gから量り売り
してくれるので、質や香りを
確かめながら選べるのがうれ
しい。人気は、台湾の凍頂烏
龍茶。

☎045-641-0818
所横浜市中区山下町232 天龍ビル
1F ⏰10:30〜20:00 休無休 交
みなとみらい線・元町・中華街駅か
ら徒歩7分 Pなし

凍頂烏龍茶（上）や茉
莉珍珠（下）などが人気
の高級中国茶。中国か
ら取り寄せた茶器の販
売も行う

店内に中国茶が入った缶が並
び、試飲をしながら選べる

入れ方や歴史など茶文化に
詳しいご主人が迎えてくれる

トレンドの中国茶を味わう

鼎雲茶倉
ていうんちゃくら

予約	不可
予算	1000円〜

MAP 付録P.16 C-2

2階のカフェスペースでは、伝統的
な中国茶から、新しいスタイルの
中国茶、タピオカドリンクやスイ
ーツなどのスイーツメニューを用
意。台湾発のトレンドメニューが
試せると人気だ。

☎045-227-5385
所横浜市中区山下146 ⏰11:00〜18:30
休水曜 交みなとみらい線・元町・中華街
駅から徒歩5分 P提携駐車場利用

大粒のタピオ
カがトッピング
された黒タピオ
カとマンゴー入
り杏仁豆腐760
円

季節限定マン
ゴーカキ氷アッ
プルマンゴー付
き1380円

中国茶の缶などがディスプレイされた
カフェスペース

中国茶の淹れ方

中国茶は種類によって淹れ方もさまざま。ここでは茶壺を使った淹れ方をご紹介。

1 茶器を温める

茶海、茶壺、茶杯（飲
杯・聞香杯）など茶器一
式にお湯を注ぎ温める

2 洗茶をする

1のお湯を捨てる。茶
壺に茶葉を入れお湯を
注ぎ、すぐに捨てる

3 茶壺を蒸らす

茶壺にお湯を注ぎ、ふ
たを閉めてさらにお湯
をかけ蒸らす

4 濃さを均等に

蒸らしが終わったら茶
海に移し、濃さを均等
にする

5 香りを楽しむ

茶海から聞香杯に注ぎ、
飲杯に移す。空いた聞
香杯から香りを嗅ぐ

6 味を堪能する

茶杯でゆっくり味わ
う。煎を重ねるごとに、
味の変化を楽しめる

↑1階の物販スペースに茶葉がずらりと並ぶ

↑体にとてもいい悟空八宝茶。お茶と一緒に楽しめるお茶請けプレート620円もおすすめ

予約	可
予算	1000円～

心地よい風が流れる
チャイニーズレトロな茶藝館

悟空茶荘
ごくうちゃそう

MAP 付録P.16 C-4

高い天井にむき出しの梁、木製の窓枠がレトロな空気を醸す茶藝館。同館は日本に烏龍茶を初めて紹介した老舗として知られ、約40種類もの中国茶を常時取り揃えている。クラシックな中国の雰囲気を楽しみながら、豊かな香り漂う中国茶をおしゃれなスイーツとともに味わいたい。

☎045-681-7776
所横浜市中区山下町130
営物販10:30～19:30喫茶11:00～19:30
(LO18:30)±・日曜、祝日10:30～19:30
(LO18:30) 休第3火曜 交みなとみらい
線・元町・中華街駅から徒歩7分 Pなし

↑本場中国の雰囲気が漂う店内。レトロな雰囲気の中で時間を忘れてゆっくり過ごしたい(左)
一煎目はスタッフが淹れてくれる。ガラスポットに湯が入れられ二煎目以降は自分で淹れる(右)

選りすぐりの中国茶を心安らぐ空間で味わう

中国茶藝館 茗香閣
ちゅうごくちゃげいかん めいこうかく

MAP 付録P.16 A-3

予約	可
予算	2000円～

「お茶と時間を楽しむ大人のためのサロン」をコンセプトに開店。高級茶葉のみを扱い、一煎目は専門スタッフが伝統の手法でていねいに淹れてくれる。中国茶の世界を学びたい人は、同店オーナー・周永泰氏による中国茶の教室(要予約)に参加してみては。

☎045-651-5651
所横浜市中区山下町220
緑苑ビル2F 営12:00～
22:00※変更の場合あり
休不定休 交みなとみらい
線・元町・中華街駅から徒歩
8分 Pなし

↑中華街の喧騒から一転、店内には静謐な時が流れる

↑中国茶専門店「緑苑」の2階に併設する同店では緑苑の手作り茶を堪能できる

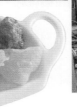
↑お茶うけは日替わり。この日はドライフルーツの盛り合わせ

NIGHT SPOTS
ナイトスポット

数多くの著名人が訪れた
伝統あるバーカウンター

食べる●ナイトスポット

バー発祥の地で特別な時間を

港の夜、名物バーに籠る

日本で初めてバーが誕生した街・横浜には、数多くのバーがひっそりとたたずむ。
カクテルグラスを傾けながら旅の思い出を語れば、カウンターは自分だけの特等席に変わる。

バー シーガーディアンII
バー シーガーディアンツー

山下公園周辺 **MAP** 付録P.11 E-4

**重厚な雰囲気に包まれた
大人が集う正統派バー**

大佛次郎や石原裕次郎など、多くの著名人も足繁く通ったというホテルニューグランド内にあるバー。横浜の夕焼けをイメージした「ヨコハマ」、終戦直後にシェリー酒を代用して生まれた「マティーニ・ニューグランド」など、伝統のカクテルが人気。

☎045-681-1841
（ホテルニューグランド代表）
所横浜市中区山下町10 ホテルニューグランド本館1F 営17:00〜23:00
（LO22:30）休無休
交みなとみらい線・元町・中華街駅1番出口から徒歩1分

予約
不可
予算
D2000円〜

↑ほの暗い間接照明が心を癒やす

↑横濱開港カクテル「ウイスキートディ」1834円（税サ込）

←色鮮やかなヨコハマ2099円（税サ込）（右）。マティーニ・ニューグランド1707円（税サ込）（手前）は、塩気の効いたアンチョビトースト2024円（税サ込）とよく合う

→英国調の家具を配したシックな空間で、静かにグラスを傾けたい

↓善隣門のほど近くにある

↓人気のバーガー1350円とカクテル1100円

↓現在は日本人がオーナーだが、1983年にアメリカ人がオープン

↑奥にあるボックス席

ケーブルカー

横浜中華街 **MAP** 付録P.14 B-1

古き良き時代のアメリカ・サンフランシスコの雰囲気

ケーブルカーをモチーフにしながら、店内は1890年代のアメリカのバーをイメージ。18mのロングカウンターがあり、400種類を超えるオリジナルカクテルをはじめ、お酒の種類が豊富に揃う。フードメニューも充実しているので、1軒目から使える店だ。

☎045-662-5303
所横浜市中区山下町200
営17:30(土曜15:30)〜翌2:00 日曜、祝日15:30〜24:00 休無休
交JR石川町駅／みなとみらい線・日本大通り駅から徒歩6分

予約 可
予算
Ⓓ3000円〜

港の夜、名物バーに籠る

POWELL & MASON

GUINNESS

↑カリブの海賊のアジトがコンセプトという屋根のない開放的な空間

↑店名は店主の名前に由来する

The Bar Tenmar
ザ バー テンマー

関内 **MAP** 付録P.10 B-3

2階建てのビルの屋上の とびきり粋で開放的なバー

雑居ビルが立ち並ぶ一角の古い ビルの屋上をバーとして開放。 気温や天候に大きく左右される が、例年3月下旬から12月中旬 まで営業を続けている。オール フード&ドリンクともに全品 500円で、別途テーブルチャー ジ500円と気軽に利用できる。

☎080-4147-8100
所横浜市中区相生町2-52 栗原たばこ 店屋上 営18:00～23:00(LO22:30)
休月曜、雨天、極寒、強風時 交各線・関内駅から徒歩4分／みなとみ らい線・馬車道駅から徒歩5分

↑各種カクテルが味わえる

↑アボカドや鴨のスモークなど の盛り合わせのお通しとモヒート

予約	不可
予算	Ⓓ1500円～

PILGRIM 19th CLUB
ピルグリム ナインティーンス クラブ

関内 **MAP** 付録P.10 A-3

重厚な建物の地下に広がる 大人のための贅沢な空間

ゴルフのクラブハウスをコンセ プトに、18ホールを終えて19番 目のくつろぎの場所をイメージ している。ゆったりとしたカウ ンターや革張りのソファ、調度 品などが、上質な大人の空間を 演出。モルトやオリジナルカク テルが充実している。

☎045-201-7351
所横浜市中区弁天通5-70 損保ジャパン 日本興亜横浜馬車道ビルB1 営17:00 ～24:00(LO23:30) 休日曜、祝日 交 みなとみらい線・馬車道駅から徒歩2分

↑セレクトショップのトゥモローランドが手がける英国のアンティークに囲まれたオーセンティックバー

予約	可(金曜は不可)
予算	Ⓓ3500円～

↑洋酒に合うチーズの 盛り合わせ1650円

↑ウォッカベースでフルーティなオ リジナルカクテル桃太郎1320円

↑カウンターにはベテランのバーテンダーが常駐

ジャズバーで盛り上がる

大人だけに許された夜

名物カクテルや、アーティストが奏でる音楽が心地よい。
古き良きバーを気軽に体感できるお店をご紹介。

スタンダード・ジャズを中心に
水〜金曜は19:00〜土・日曜、祝
日は18:30〜4回程演奏が楽しめ
る。ライブチャージ700円

カクテルJack Tar発祥の店

Windjammer Yokohama
Jazz Cocktail Lounge

ウインドジャマー ヨコハマ ジャズ カクテル ラウンジ

横浜中華街 **MAP** 付録P.14 B-1

19世紀頃の大型帆船のキャビンをイメ
ージした店内で、ジャズの生演奏が楽
しめる。カクテルを中心としたアルコ
ールドリンクのほか、手間ひまかけた
無国籍料理も好評。

☎ 045-662-3966
所 横浜市中区山下町215　⊖ 17:00〜23:00
（LO22:30）土曜16:00〜、日曜、祝日16:00
〜22:30（LO22:00）　休 第1・3月曜（祝日の場合
は翌日）　交 JR石川町駅から徒歩6分

⬆ 店内は帆船のキャビン風に造られ、床も船の
デッキを使用。北欧の船大工が何年もかけて店内
に装飾や彫刻を施した
⬅ 直径18cmの炭焼きキャプテンズバーガー1650
円〜と Jazz Cruise 1045円、Jack Tar 1210円

浜幸
はまこう

MAP 付録P.9 E-3

先代が考案したという馬鹿鍋が看板メニューで、味噌風味のタレで、馬肉と鹿肉のほか、ネギ、ゴボウ、玉ネギ、豆腐、麩、くずきりが入っている。このほか、特選霜降り馬刺やこってりとしたたてがみ刺などもおすすめ。

☎045-231-0070
所 横浜市中区野毛町1-24
営 予約により営業(18:00〜22:00)
交 各線・桜木町駅/京急・日ノ出町駅から徒歩5分 P なし

予約	要
予算	
D 6000円〜	

全国でも珍しい馬鹿鍋が食べられる

↑創業は昭和46年(1971)の老舗で、店内はレトロな雰囲気に包まれている

↑馬肉と鹿肉が半分ずつの馬鹿鍋は2人前(4710円)からの注文となる。肉を食べたら、締めはさぬきうどんで

最近、この街は元気がみなぎっています
野毛で呑み食べ歩き

細い路地には、老舗の鍋料理やカジュアルなビストロなどが集まる。地元の若い人もふらりと訪れる店で、おいしいお酒と料理を楽しみたい。

馬車道駅
桜木町駅
桜木町駅
野毛
都橋商店街
関内駅
日ノ出町駅 大岡川 関内駅
イセザキ・モール
1・2St.

山荘
さんそう

MAP 付録P.9 D-3

創業から58年続いた店を一時閉め、場所を移して再び営業を開始した。多くの常連客に愛されてきた店で、昭和46年(1971)以来のバーテンダーと同50年(1975)以来のジュークボックスは今も現役。昭和のノスタルジックな雰囲気に浸れる。

☎045-231-9009
所 横浜市中区野毛町2-64
野毛産業ビル2F 営 17:30〜23:30
休 日曜、祝日
交 各線・桜木町駅/京急・日ノ出町駅から徒歩5分

昭和30年創業のレトロなスナック

↑カウンターのほか、テーブル席もある

予約	可
予算	
D 1000円〜	

↓バナナベースでカラフルなカクテル「珊瑚礁の彼方」880円と、にんにく醤油でいただく腸詰880円

萬里
ばんり

MAP 付録P.9 E-3

3代目の店主の祖母が戦後間もなく屋台で餃子を売り始め、それが日本で最初といわれてきた。真偽のほどはともかく、開業当時、餃子は珍しかったことは確か。北京料理を中心にリーズナブルに食事ができる。

☎045-231-8011
所 横浜市中区野毛町2-71 営 12:00〜21:00
(LO20:30) ※日曜は〜17:00(LO16:30) 休 月曜
交 各線・桜木町駅から徒歩3分/京急・日ノ出町駅から徒歩7分

日本で初めて餃子を販売?

予約	可
予算	
L 710円〜	
D 1800円〜	

↑もともとのレシピは満州の豚饅頭という焼き餃子374円。餃子のほか、手ごろな小皿メニューが充実している

野毛ビストロZIP
のげビストロジップ

MAP 付録P.9 E-3

リーズナブルな価格で立ち飲みスタイルがうれしい。フレンドリーな接客なので1人でも入りやすい。ハッピーアワー(オープンから19時来店まで)の飲み放題もおすすめ。

☎045-341-3035
所横浜市中区花咲町1-9 日野ビル1F 営17:00(土・日曜は14:00)〜23:30 休火曜 交各線・桜木町駅／京急・日ノ出町駅から徒歩5分

カジュアルに肉とワインを楽しめる

⬆樽から自分で注ぐ計6種類の飲み放題1時間1000円(オープンから19時来店まで)

⬆大岡川沿いの都橋からすぐ

予約 可
予算
D 3000円〜

⬆新鮮牛レバー、ハツ、上ミノをごま油でしゃぶしゃぶ。レバー680円、2種盛り1300円、3種盛り1800円(税別)

ビストロ＆バル ジィーロ

MAP 付録P.9 E-3

横浜ベイシェラトンや横浜ロイヤルパークホテルなどで料理長を務めたシェフが、もっと身近で気軽に食べられるフレンチを提案。知り合いの猟師から入手するジビエや地産地消の野菜など、ホテル時代と変わらないルートでこだわりの食材を仕入れ、ワインも豊富。

☎045-315-6924
所横浜市中区野毛町1-29 営15:30〜24:00(LO23:30) 休不定休 交各線・桜木町駅から徒歩3分／京急・日ノ出町駅から徒歩7分

一流ホテルの味を気軽に楽しめる

⬆クッションが置かれたテーブル席も居心地がいい

⬆しば漬けのオリジナルソースでいただく伊豆天城のシカのタタキ(S)700円、(M)1300円

予約 週末は望ましい
予算
D 3500円〜

⬆本格フレンチをカジュアルに味わえる

魚貝バル
HAMAJIRUSHI
ぎょかいバル ハマジルシ

MAP 付録P.9 E-3

新鮮な魚介をメインに、浜焼きや創作料理などが味わえるイタリアンバル。エビやホタテ、牡蠣などの浜焼きのほか、海老のアヒージョや貝の盛り合わせなど、パーティでも活躍。おしゃれなオープンテラスもあるのもうれしい。

☎045-334-7792
所横浜市中区野毛町2-71-12 営17:00〜24:00(フードLO23:00、ドリンクLO23:30)※土・日曜、祝日は15:00〜 休水曜 交各線・桜木町駅から徒歩1分

鮮度抜群の海鮮がずらりと並ぶ

⬆浜焼きコースなどもあり、大人数で楽しめる

予約 望ましい
予算
D 3000円〜

⬆新鮮な殻付き牡蠣は180円〜

⬆魚貝の白ワイン蒸し1480円はムール貝やホタテなどがどっさり盛り付けられ食べ応え満点

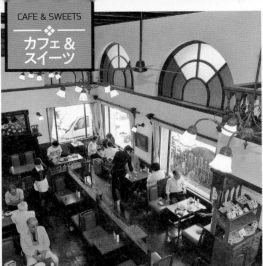

↑1階の喫茶室は吹き抜けでカラフルな半円のステンドグラスが印象的

食べる●カフェ＆スイーツ

歴史を感じる建物に魅せられて

ノスタルジックなコーヒー時間

市内に今なお残るレトロな建物を使ったカフェを巡ってみよう。往時に思いを馳せながら喧騒を忘れ、コーヒーの香りで癒やされたい。

↑モダンなたたずまいの店
←北欧デザインの「スワンチェア」が店内のインテリアを落ち着いた雰囲気に

ハイカラな大人の時間を満喫

馬車道十番館

ばしゃみちじゅうばんかん

関内 MAP 付録P.9 F-3

重厚な赤レンガの建物には喫茶、売店、レストラン、バーがある。1階の喫茶室は、椅子やテーブルに昭和の雰囲気が残るレトロな空間。ドリップした香り高いオリジナルコーヒーや甘さを抑えたスイーツで大人の時間を楽しみたい。

☎045-651-2621
所横浜市中区常盤町5-67
営11:30〜15:00(LO14:00)17:00〜21:00(最終入店20:00)土・日曜、祝日11:00〜21:00(最終入店20:00)※15:00〜ディナーメニューを提供 バー16:00〜23:00
休バー火〜木曜 交各線・関内駅から徒歩5分 Pあり

←↑昭和45年(1970)、文明開化期の西洋館を再現して建造。往時の面影が漂う

→十番館プディング ロワイヤル1045円。外観の赤レンガをイメージしたプリンにフルーツとアイスを添えて

本物の味を堪能できる

Coffee bar Blue Mountain

コーヒー バー ブルー マウンテン

横浜駅周辺 MAP 付録P.5 E-3

そごう横浜店5階にあるコーヒー店。本物にこだわる上質なコーヒーが味わえる店として長年愛され、駅前ながらもくつろぎの空間。ジャマイカ産の貴重なブルーマウンテンをはじめ、厳選コーヒー豆を使用し、ケーキは、昭和37年(1962)創業「パティスリーモンテローザ横浜本店」の本格的なケーキを提供する。

☎045-465-5736
所横浜市西区高島2-18-1 そごう横浜5F 営10:00〜20:00(そごう横浜店に準ずる) 休そごう横浜店に準ずる 交各線・横浜駅から徒歩3分 Pあり

↑「マイセン」「ウェッジウッド」「バカラ」など洗練された食器でコーヒーやケーキを提供
→コーヒーを淹れる際、通常の2倍以上の豆を贅沢に使用。雑味のないすっきりとした味わいながら、コーヒー独特の深みを感じられる

バラの香りに包まれて過ごす

カフェ・ザ・ローズ

山手 **MAP** 付録P.15 F-3

港の見える丘公園の南側にあるスパニッシュスタイルの洋館カフェ。美しいバラの咲く庭園を眺めながら手作りのケーキや香り豊かなローズティーなどのカフェメニューを楽しめる。みやげとして持ち帰ることができるローズグッズやお菓子なども販売している。

☎045-622-3332
🏠横浜市中区山手町111 山手111番館内 ⏰10:00~17:00(LO16:30) 🈺第2水曜(祝日の場合は翌日) 🚃みなとみらい線・元町・中華街駅から徒歩8分 🅿なし

⤴ 国産無農薬のバラのペーストを練りこんだローズソフトクリームとオリジナルローズティーのセット1200円

⤴ おしゃれな洋館の地階にあるカフェ
⤵ 庭園を見渡せるテラス席。バラの季節には花の香りを感じながら過ごせる
↩ 店オリジナルの特別なローズティーを優雅な空間で味わって

異国情緒あふれるレトロカフェで感じるパリの風

CAFE de la PRESSE
カフェ ドゥラ プレス

関内 **MAP** 付録P.10 C-3

昭和初期の建物を改築した横浜情報文化センターの2階にあるカフェ。店内には往時の内装がそのまま残っており、ゆったりした気分でくつろげる。パティシエが作る焼き菓子やケーキ、自家製マカロンが人気。

☎045-222-3348
🏠横浜市中区日本大通11 横浜情報文化センター2F ⏰10:00~20:00(LO19:30) ランチ11:30~14:00 🈺月・火曜(祝日、振替休日の場合は翌日) 🚃みなとみらい線・日本大通り駅から徒歩1分 🅿なし

⤴ クラシカルで落ち着いた雰囲気。窓の外ではイチョウ並木が風に揺れる

⤴ 木の扉を開けるとパリの街角へタイムスリップ

⤴ ストロベリーパフェ「ネリーメルバ」1400円(数量限定)、記者たちのカフェ840円は、エスプレッソとミルクを別々に

ノスタルジックなコーヒー時間

<季節商品>
ベリーベリー

春の生地、クリーム...
国産苺も贅沢に練り込みました

(大) ¥2,200 (本体価格 ¥2,037)
(小) ¥ 800 (本体価格 ¥ 741)

<季節商品>
カスタードナッツ

トンカ豆風味のキャラメルナッツクリームと
5種類のナッツのパウンドケーキ

(大) ¥1,800 (本体価格 ¥1,667)
(小) ¥ 660 (本体価格 ¥ 611)

ピスタチオ・フリュイルージュ

ピスタチオの生地にたくさんのベリーを加えた

(大) ¥1,800 (本体価格 ¥1,667)
(小) ¥ 660 (本体価格 ¥ 611)

↑生ケーキのように美しい色と
りどりのパウンドケーキ。季節ご
とにさまざまな種類が登場

食べる●カフェ＆スイーツ

港町のエッセンスを感じる甘〜いスイーツ

華やかに、港のカフェ

新鮮なフルーツを使ったケーキやカラフルなのスイーツが並ぶ横浜のカフェ。
街歩きやショッピングの足休めに、甘い香りに包まれながらティータイムを過ごしてみては？

パリのお菓子屋さんを訪れた気分で
繊細に彩られたパウンドケーキを

Patisserie Pavlov 元町本店
パティスリー パブロフ もとまちほんてん

横浜中華街 **MAP** 付録 P.15 D-1

店内に足を踏み入れた瞬間、まるでパリの街に
紛れ込んだよう。そんな非日常の空間で、焼きた
てのケーキが味わえる。旬のフルーツやクリー
ムなどで飾られたパウンドケーキは、焼き菓子
のイメージを覆す華やかさ。しっとりとした食
感にも魅了される。

☎045-641-1266
📍横浜市中区山下町105 ⏰11:00〜19:00(LO18:00)
休月曜(祝日の場合は翌日) 🚶みなとみらい線・元町・
中華街駅から徒歩1分 Ｐなし

1.週替わりのパブロフセット2530円。パウンドケーキ
5種類、ケーク・サレ2種類に好きなドリンクが付く
2.乙女心をくすぐるアンティーク調のインテリア
3.白を基調とした明るいテイクアウトスペース

フルーツが主役の
フォトジェニックなスイーツが人気
水信フルーツパーラーラボ
みずのぶフルーツパーラーラボ

みなとみらい **MAP** 付録P.9 E-1

横浜の老舗果物店直営のフルーツパーラー。2023年3月に増床リニューアルオープン。バイヤーが厳選した旬のフルーツを使った季節限定のパフェのほかテイクアウトできるジェラートやジャム、焼き菓子も好評。

☎045-228-9297
所横浜市中区桜木町1-1-7
Colette-Mare2F
営11:00～21:00(LO20:00)
休不定休(施設に準ずる)
交各線・桜木町駅からすぐ
Pあり

1.全面ガラス張りで天井も高く開放感のある店内 2.ミックスパフェ1640円。7種のフルーツを生クリームで引き立てるさっぱりとした甘さ 3.ナチュラルカラーを基調とした落ち着きのあるデザイン 4.濃厚な風味と固めの食感が自慢の自家製プリンアラモード1200円

とんがり屋根と赤いドアが目印
キュートな歴史的洋館カフェ
Paty Cafe
パティーカフェ

元町 **MAP** 付録P.15 D-3

ゆるやかに蛇行する坂に建つ、絵本に登場しそうな一軒家。店内には英国やベルギーのアンティークを配すなど落ち着いたおしゃれなカフェだ。小麦をはじめ国産素材にこだわった手作りパンとケーキが女性を中心に好評を博す。

☎045-664-2740
所横浜市中区元町2-80-22 営11:00～19:00
休月・火曜 交みなとみらい線・元町・中華街駅から徒歩7分 Pなし

1.5月には外の花壇にバラが咲き、いっそう華やかになる
2.パンは酵母から8日をかけ、マシンも一切使わず店内で手作り
3.3種類のケーキ＋アイスorプリンと盛りだくさんのケーキアラカルト1250円と紅茶550円

オーガニック素材をメインに
SNS映え抜群のメニューを提供

Teafanny 横浜
ティーファニー よこはま

本牧 **MAP** 付録P.18 C-2

「かわいい」「おしゃれ」が詰まったフォトジェニックカフェ。ドリンクやクレープはオーダーを受けてからていねいに作るのがこだわり。ハイセンスな店内には、写真映えするポイントが盛りだくさんなので撮影も忘れずに。

☎045-625-1661
所横浜市中区新山下3-2-5 営
10:00〜19:00 休不定休 交みなとみらい線・元町・中華街駅から徒歩10分 Pなし

1.ウォールアートが描かれたかわいい店内にときめく2.海外のリゾートのような美しい砂浜とビーチがあるのに驚き!
3.抹茶マスカルポーネ1100円(右上)、ブルーベリーヨーグルト1000円(左)、メープルバター1300円(右)。クレープはオーダーごとにていねいに焼き上げている

日本茶の香りと効能に
心身がふわりと癒やされる

日本茶専門店 茶倉
にほんちゃせんもんてんさくら

元町 **MAP** 付録P.15 D-2

店主が茶畑に足を運んで揃えた日本茶は、産地や種類ごとに味が違い、異なる香りがあるという。なによりさわやかな香りとほのかな甘さにホッとくつろぐ。お茶付きのヘルシーなランチもおすすめ。

☎045-212-1042
所横浜市中区元町2-107 1F 営11:00〜18:00(LO17:30) 休月曜(祝日の場合は翌日) 交みなとみらい線・元町・中華街駅から徒歩5分 Pなし

1.看板犬、柴犬のムサシの姿にも和む
2.鉄瓶で湯を沸かして淹れたお茶は格別
3.餡や寒天などパーツも手作りの抹茶パフェ1600円。7種から選ぶお茶付き
4.取り扱うお茶はなるべく有機無農薬を使用することにこだわる店

スイーツをテイクアウトするならココ

焼きたてのスイーツとパンが美味

Strasbourgeoise
ストラスブルジョア

黄金町 **MAP** 付録P.12 B-1

☎045-315-2692
所横浜市中区初音町1-8-2
営11:00〜18:00 休月・火曜 交京急・日ノ出町駅／黄金町駅から徒歩5分 Pなし

繁華街、観光エリアからは少し外れるが、わざわざ足を延ばしてでも訪れたいお店だ。オーナーパティシエは、フランスで研鑽を積んだスゴ腕。すべての商品をパティシエ自身が店で焼いており、店内には香ばしくて豊かな香りが満ちている。

◆杏を使ったタルトアプリコ480円(手前)、ラム酒がきいたサバラン490円(右)、王道のシャンティ520円(左)

↑焼き菓子にいたるまで作り置きなし

食べる●カフェ&スイーツ

日々の生活を
上品に彩る
逸品を探して

買う

海に近く、外国のような街並みに
なじむ店内には、こだわり抜いた
手仕事から生まれる雑貨や、
雰囲気ある輸入品など、
ハイセンスなアイテムが並ぶ。
70年代のファッションブームを
牽引した店にも注目。

大人のショッピングストリート・元町へ
洗練された上質な品にめぐり会う

元町発祥のブランド店や、長年愛され続けるアクセサリー店。
通りには、身につけるとエレガントな装いを演出する、特別な逸品があふれている。

↑明治15年（1882）創業。多彩なバッグは幅広い年齢層に人気

キタムラ 元町本店
キタムラ もとまちほんてん

MAP 付録P.14 C-2

上品ななかに遊び心あふれる
楽しいデザインに注目

「やさしさ、かわいらしさ、上品
さ」をキーワードに、上質でデザ
イン性の高いオリジナル商品を展
開。バッグのみならず、洋服まで
トータルコーディネートできる商品
が揃う。2階には、クロコダイル
商品も展開している。

☎045-664-1189
所横浜市中区元町4-178
営10:00〜19:00　休無休
交JR石川町駅から徒歩5分
Pなし

↑フォークを模した持ち手がユ
ニーク。華やかなシーンで活躍し
そうなケーキバッグ各9万8000円

↑手書き風のロゴがかわ
いいキャンバス地のトー
トバック。カラーが豊富
なのもうれしい各5800円

↺合成皮革を使った
合皮サブバッグ（左の
ブルー）1万円（右のピ
ンク）8800円

↻2階には高級感あるクロコダイルショップも

買う●

134

フクゾー洋品店

フクゾーようひんてん

MAP 付録P.14 C-2

流行に左右されず
長く着られる洋服が評判

タツノオトシゴの刺繍で知られるフクゾーの洋服は、時代を超えて愛されるベーシックなスタイルが魅力。製糸から縫製まですべてを自社で手がけ、熟練職人が一着ずつ手仕事で仕上げる。丈夫で長持ちする品質と、着心地のよさは折り紙付き。

☎045-651-2801
所横浜市中区元町3-127 営10:30～19:00 休無休(臨時休業あり) 交みなとみらい線・元町・中華街駅から徒歩5分 P提携駐車場あり

↑男女兼用で使える大きめな文字盤のオリジナルウォッチ 2万7500円

↓ロールアップスリーブブラウス1万6500円

↓矢羽根模様のトリミングスカート 2万3100円

↑1階はレディースやキッズ商品のほか小物類を販売。2階は主にメンズアイテムが並ぶ

↑ロゴマークを手刺繍

↑人気の巻きスカートも種類豊富

↓それぞれに趣向を凝らしたレースと、やさしい色合いが印象的

近沢レース店
元町本店

ちかざわレースてん もとまちほんてん

MAP 付録P.14 C-2

優雅なレースを取り入れて
毎日の暮らしを華やかに

繊細で美しいレース製品の専門店。バッグやポーチ、衣料品など、ハンドメイドのぬくもりや素材感を生かしたオリジナル商品を扱う。今治タオルに立体感のあるレースとロゴ刺繍をあしらったハンカチは、手ごろでおみやげにもぴったり。
↓元町本店限定のミニタオルハンカチ各1430円

↑明治34年(1901)創業

☎045-641-3222
所横浜市中区元町3-119 営10:30～18:00 休不定休 交みなとみらい線・元町・中華街駅から徒歩5分 Pなし

タカラダ 元町本店
タカラダ もとまちほんてん

MAP 付録 P.14 C-2

食卓を華麗に演出する
洗練されたオリジナル食器

明治15年（1882）に西洋家具店として開業。戦後は高級食器店となり、職人の技術を生かしたオリジナル食器が高い評価を得ている。愛らしいバラ柄や横浜の風景を描いたシリーズが人気。

☎045-641-0057
所横浜市中区元町3-118
時10:30〜19:00 休月曜（祝日の場合は翌日）交みなとみらい線・元町・中華街駅から徒歩5分 Pなし

→日常使いに最適な丸型スフレ皿（3.5インチ）880円

→横浜の昔と今の景色を描いたカップ＆ソーサー4400円

→鮮やかな図柄のデザート皿（21cm）5830円

↑貴重なオールドノリタケや海外の高級ブランド製品も扱う

買う

ミハマ 元町本店
ミハマ もとまちほんてん

MAP 付録 P.15 D-2

履きやすさを追求した
●カッターシューズが大人気

大正12年（1923）創業。150種類もの木型から職人の手で生み出される靴は、履きやすく機能性抜群。1970年代には、かかとの低いカッターシューズが大ヒットし、今も根強い人気を誇る。

↑定番のほか新商品も登場
☎045-641-1221
所横浜市中区元町2-83
時10:00〜19:00 休不定休
交みなとみらい線・元町・中華街駅から徒歩3分 P提携駐車場あり

↑ベストヒット商品のカッターシューズ1万7600円

↑黒色のエナメルに白いリボンが映える、バックベルトのパンプス2万2000円

SILVER OHNO
シルバー オオノ

MAP 付録 P.14 C-2

やわらかい輝きを放つ
独特の質感が魅力の銀製品

流行にとらわれず、何世代にもわたって愛用できるシルバー製品を販売。アクセサリーのほか、食器やフォトフレーム、ベビーギフトなども揃う。名前を彫ってもらうこともできる。

↑商品の約8割がオリジナル
☎045-641-1275
所横浜市中区元町4-174
時11:00〜18:00
休月曜（祝日の場合は翌日）
交JR石川町駅から徒歩5分
Pなし

→立体的でボリューム感のあるリング2万2000円

←首輪のリボンがK18のネコペンダント1万3200円。しっぽが揺れるのがキュート

↑心和むデザインの人気シリーズ「天使の卵」のペンダント1万3200円

元町通り
石川町
狩場線 K3 P.134
中村川
キタムラ 元町本店
石川町駅
R玄品ふぐ
ドトールコーヒー C
ジュエリーツツミ
横浜
S竹中
S
駅前局
元町
スワロフスキー
S
ポンパドウル元町本店 P.147
花潮横浜 R
元町5丁目東
セブンイレブン S
C LENTO
バルバリ
根岸線
N

严島神

↑ブランドの歴史や歴代のヒット商品を展示したミュージアム

↑ブライダル専用フロア

↑元町通りのなかでも
ひときわ風格のある外観

STAR JEWELRY
the shop & museum
MOTOMACHI 元町本店
スター ジュエリー ザ ショップ & ミュージアム モトマチ
もとまちほんてん

MAP 付録P.15 D-2

気品あふれる輝く宝石を選べる
元町生まれの老舗ジュエリー店

昭和21年（1946）の創業以来、進化する横浜のおしゃれの象徴として君臨するジュエリー店。アトリエやカフェ、ミュージアムを併設した「ジュエリーの殿堂」とも呼べる店舗。普段使いのジュエリーやブライダルリングなど本店ならではのラインナップ。MB1階にはスタージュエリーの歴史を彩る歴代商品を展示したミュージアム、B1階はブライダル専用フロアがある。

☎045-641-0650　㊟横浜市中区元町1-24　☎11:00～19:30　㊟無休　㊞みなとみらい線・元町・中華街駅から徒歩2分　㊟あり

↬ネックレス
[S]2万9700円
[L]4万4000円

↱リング 7万
1500円

↬ピアス1万
2100円

↱ブレスレッド3万5200円

gradog
グラドッグ

MAP 付録P.15 D-2

かわいい愛犬にぴったりの
上質なウェアが見つかる

子供服を作るように、一着一着ていねいに縫い上げたオリジナルのドッグウェアが好評。スワロフスキーをちりばめた首輪やリードのオーダーメイドも。

☎045-641-2303
㊟横浜市中区元町1-29 ジキヲビル2F
☎11:00～19:00　㊟月・火曜
㊞みなとみらい線・元町・中華街駅から徒歩2分　㊟なし

↱かわいいオーバーオール(SS
サイズ)7590円
↬ピースパーカー
(SSサイズ)6600円

↑デザインもサイズも幅広く取り揃える

洗練された上質な品にめぐり会う

横浜橋通商店街
よこはまばしどおりしょうてんがい

人情味あふれる庶民の台所
戦前から身の回りの品々を中心に扱ってきた地域密着型の商店街。130店以上が軒を連ね、八百屋、肉屋などの生鮮食品店が豊富だ。安く良質な食材を求めて、関内周辺の飲食店からも仕入れに来るという。
🚇地下鉄・阪東橋駅から徒歩3分
伊勢佐木町 **MAP** 付録P.12 C-3

↑できたての惣菜を店頭で販売する店も

↑全長350mのアーケードの下に多彩な店が立ち並び、常に人通りが絶えない

地元の活気ある通りを歩く

ヨコハマ・下町・商店街

地域の人が愛する飲食店や、生鮮食品の店が並ぶ商店街。
店主のかけ声や会話で賑わう、下町の雰囲気を楽しみたい。

弘明寺商店街
ぐみょうじしょうてんがい

横浜で最も歴史ある門前町
横浜最古の古刹・弘明寺の門前町として栄え、戦後は闇市や歓楽街へと発展。昭和31年（1956）に完成した全長270mのアーケードは、当時東洋一と讃えられた。商店街中央のさくら橋からは市内でも有名な「大岡川プロムナードの桜」が眺められ、春には多くの花見客で賑わう。
🚇京急・弘明寺駅から徒歩3分／地下鉄・弘明寺駅からすぐ
弘明寺 **MAP** 付録P.2 A-4

↑弘明寺前から鎌倉街道までの間に約130店が並ぶ

↑明治や大正時代創業の老舗も残っている

↑商店街中央、さくら橋からの桜

イセザキ・モール1・2 St.

昔も今も、港へ続く散歩道

世代を超えて楽しめるイセザキ・モールは、陽の注ぐ緑豊かなショッピングモール。2St.の「からくり人形時計」がリニューアルされ、9体のタウンピープルが30分ごとに訪れた人を楽しませている。フォークデュオ「ゆず」も、かつてこの街で路上ライブを行っていた。

🚉各線・関内駅から徒歩1分
伊勢佐木町 **MAP** 付録P.13 D-1

⬆入口のウェルカムゲートは爽やかな印象

⬆24時間歩行者天国で、バリアフリーに整備された道は歩きやすい

洪福寺松原商店街
こうふくじまつばらしょうてんがい

昭和の面影が色濃く残る

昭和27年(1952)の発足以来、安売りをモットーに発展してきた。現在は70店以上がひしめき、青果、鮮魚、精肉、乾物、衣類などあらゆるものが所狭しと並ぶ。「ハマのアメ横」とも呼ばれ、年末は大混雑となる。

🚉相鉄・天王町駅から徒歩9分
天王町 **MAP** 付録P.2 B-2

⬆戦後の物資不足の時代から地域を支えてきた

⬆どの店も驚くほどの安値で、品揃えも豊富

⬆ステンドグラスをはめたアーチが目を引く

⬆新旧の店が入り交じり、おしゃれな飲食店もある

六角橋商店街
ろっかくばししょうてんがい

レトロな仲見世通りに注目

昔ながらの食品や日用品の店から人気の飲食店まで約160店舗がずらり。賑やかな大通りのほか、昭和ムードたっぷりなアーケードの仲見世も味わい深い。4~7月、9~10月の第3土曜日に「ドッキリヤミ市場」、8月第1土曜に「商店街プロレス」を開催する。

🚉東急・白楽駅からすぐ
白楽 **MAP** 本書P.2 C-2

街の小さな隠れ家を訪ねて

港の雑貨店

さわやかなブルーを基調としたマリングッズ、横浜で誕生したバッグや、輸入雑貨が並ぶ店内。宝探しのような気分でお気に入りを見つけたい。

A BLUE BLUE YOKOHAMA バンダナ
各1540円
ブルー ブルー ヨコハマ限定のバンダナ。カモメなど港を感じさせるデザイン

A BLUE BLUE YOKOHAMA
ブルー ブルー ヨコハマ

大さん橋周辺 **MAP** 付録P.11 D-3

港町の歴史を彷彿させる洋品店

港に面した一角に店を構えるショップ。港町の趣を感じる店内にはインディゴブルーを基調とした、デニムに似合うアイテムなどが並ぶ。マリンテイストなモチーフを取り入れたオリジナルグッズはおみやげにピッタリ。

☎045-663-2191
所横浜市中区海岸通1-1 営11:00～19:00
休無休
交みなとみらい線・日本大通り駅から徒歩5分
Pなし

A YOKOHAMA アンカーフロートキーホルダー
1100円
イカリモチーフがデザインされた横浜限定のキーホルダー

A ハンドタオル
1540円
マーメイドモチーフがデザインされた限定ハンドタオル

B ボート トートバッグ
（小）9900円
（大）1万3200円
海上自衛隊の船舶にも採用されている特殊な帆布を使用。生地色は艦船ホワイトと艦船グレーの2色が揃う

B 横濱帆布鞄
よこはまはんぷかばん

関内 **MAP** 付録P.10 B-2

横浜生まれの帆布鞄ブランド

横浜ならではの帆布素材を使用し、耐久性に優れたバッグを開発販売。素材やパーツはすべて厳選した国内メーカーから取り寄せ、職人が丹念な手仕事で作り上げる。横浜の市外局番である「045」がトレードマーク。

☎045-323-9655
所横浜市中区山下町1番地英一番街
営10:30～18:30
休無休
交みなとみらい線・日本大通駅から徒歩3分
Pなし

B コンテナキャリーバッグ
1万4850円
取り外しできるショルダーベルト付きで旅行などにも最適

工房での製作過程を見学

丈夫で厚みのある帆布の縫製は難しく、熟練の技術が必要。工業用のミシンで、細かい部分を縫い上げていく。いくつもの工程を経て製品が完成する。

B サコッシュ
各6600円
旅行、アウトドア、フェスなどで軽快に使えるミニマル・サコッシュ

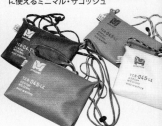

買う●

C **ハンドタオル**
各660円
横浜市の花、バラの花をあしらったハンドタオル

C **香水「元町」**
4400円
マリンベースで、ローズやラベンダーの香り。ユニセックス

C **牛革プチがまぐち**
1980円
小銭やアクセサリーなどを入れるのにぴったりのサイズ

C **乙女の拡大鏡**
594円
わずか8cmほどの小さな鏡で荷物にならない便利な拡大鏡

C **メジャー**
990円
150cmまで測定できるバラ柄メジャー

D **樹脂粘土の人形**
2500円〜
名前は「D太」くん。手作りの温かみが魅力

D **碇のバッグチャーム**
660円
いつものバッグにさりげなく付けるだけで、さわやかなマリンテイストに

D **ガラスペンダント**
3300円〜
ガラスの中に描き出された立体的な模様が繊細。涼しげで夏にぴったり

D **グローブ ティーフォーワンセット**
1万560円
ポット、カップ、プレートが揃った一人用のティーセット

E **1970'sカフス&タイピンのセット**
1万584円
警察官の制服に使われていたもの。「METROPOLITAN POLICE」の文字入り

E **ヴィクトリア朝のブローチ**
2万4840円
100年以上前のアンティーク。クラシックで華やかな細工が美しい

E **1970'sレディスシャツ**
5184円
カチッとした清楚な印象。袖口にカフスボタン(別売)を合わせても素敵

C **voyage**
ボヤージュ
元町 MAP 付録P.14 C-3

横浜らしい一期一会の素敵小物

乙女心と異国情緒をコンセプトに、横浜市の花であるバラをモチーフにしたものなど、横浜らしさを感じさせる小物雑貨やアクセサリー、婦人服などが所狭しと並ぶ。

☎045-651-3840
🏠横浜市中区石川町1-16 🕐11:00〜18:00 🈂月曜 🚋JR石川町駅から徒歩3分
Ｐなし

D **bluee-s**
ブルース
大さん橋周辺 MAP 付録P.11 D-3

海を連想させる青色の雑貨たち

青と海をテーマに、港の風景に似合うアイテムをセレクト。ブルーを基調とした雑貨をメインに、作家ものの小物やアクセサリー、ナチュラルテイストのウェアなどが並ぶ。

☎045-662-3286
🏠横浜市中区海岸通1-1 大桟橋共同ビル1F 🕐11:00〜20:30 🈂不定休 🚋みなとみらい線・日本大通り駅から徒歩3分 Ｐなし

E **RISING SUN**
ライジング サン
大さん橋周辺 MAP 付録P.10 C-3

ロンドンの魅力が凝縮した空間

店内に所狭しと並ぶのは、ロンドンで買い付けたヴィンテージ古着やアクセサリーの数々。1950〜70年代を中心に、古き良き時代を感じさせる商品が揃う。保存状態も良好。

☎045-681-1433
🏠横浜市中区海岸通1-1 海洋会館B1 🕐12:30〜19:00 🈂火・金曜 🚋みなとみらい線・日本大通り駅から徒歩2分
Ｐなし

1階には照明器具やジュエリーなど比較的小さなものが、2・3階には家具などの大きなものが中心に並ぶ（キヤ・アンティークス）

日常を豊かにするエキゾチックなアイテム

暮らしのアンティークを探す

西洋のカトラリーや陶器、装飾品など、時が経っても輝きを放つ本物ばかり。
港町だから揃う海外の優美なアイテムは、自宅のアクセントとして日々の生活を彩る。

キヤ・アンティークス

中華街 MAP 付録P.15 D-1

3つのフロアに宝物がぎっしり

家具から照明器具、ジュエリー、食器、絵画まで、さまざまな品物がぎっしり詰まった宝箱のようなお店。高価な美術品レベルのものから気軽に使えるアンティーク・スタイルのアイテムまで、価格帯も多彩に揃う。洋モノの商品が多いが、和骨董も充実している。

☎045-641-1440 所横浜市中区山下町108-1
営11:00〜19:00 休月曜（祝日の場合は営業）
交みなとみらい線・元町・中華街駅から徒歩1分 Pなし

↻ ロイヤルウースターのデミタスカップ＆ソーサー
8800円

↑アメリカ1950〜60年代コロブローチ1万5400円

↻ フランス1920〜30年代のミューラーテーブルランプ7万7000円

↻ イギリス1930年代ウランガラスポジーボウル1万4300円

142

⤴長く使用したあとでもケアの相談に応じてくれるので安心

DECO BOCO
デコ ボコ

関内 **MAP** 付録P.10 B-2

北欧家具のヴィンテージ

1960年代前後の北欧家具を扱う。ヴィンテージ家具は
日本到着後、社内のベテラン職人が分解しメンテナンス
を施す。表面はもちろん内部まで徹底的に修理とクリー
ニング・張替を行い販売するので安心して使用できる。
オーダー家具や持ち込み家具修理も可能。

☎045-650-5635　🅿横浜市中区元浜町4-39 元浜町三橋ビル1F
🕐12:00～18:00　🈳月曜、隔週火曜　🚃みなとみらい線・馬車道駅
から徒歩2分　🅿なし

⤴貴重なローズウッ
ド材を使用したカイ
クリスチャンセンデ
ザインのサイドボー
ド。69万3000円

⤴オリジナルのラウンドダイニ
ングテーブル。チーク材とビーチ
材によるコンビネーションの組
み合わせ。拡張可能な作り29万
7000円

アンティークビルでお買い物

横濱バザール
よこはまバザール

横浜中華街

MAP 付録P.16 C-3

個性的な3階建てのビル

入口にはソフトクリームが人気
の売店と元祖 花文字がある。
内部は占い、アクセサリー、
セレクトショップ、ギャラリー、
工房、カフェなど、見応えの
ある店が連なる。

☎なし　🅿横浜市中区山下町166　🕐11:00～19:30　🈳水曜（祝日の場合は営
業）　🚃みなとみらい線・元町・中華街駅から徒歩7分　🅿なし

⤴館内を歩くだけでも楽しい

キャンドル工房
Aotama Tamari
キャンドルこうぼう アオタマ タマリ

「もっと暮らしにキャンドル」の
思いから、生活に寄り添うキ
ャンドル作りを心掛けているシ
ョップ。あたたかなキャンドル
の揺らぎを自宅で楽しめる、
好みのキャンドルを探したい。

☎なし
🕐12:00～19:30
🈳水曜（祝日の場合は営業）

⤴インテリアとしても心癒やさ
れるかわいいキャンドルが並ぶ

⤵横濱バザールの1階にある
ナチュラルな雰囲気の店

暮らしのアンティークを探す

143

↑元町にある老舗の喜久家洋菓子舗は横浜を代表する名店のひとつ

よろこばれる
手みやげ

見た目も美しく味わい豊かな
食みやげが充実。定番の洋菓子など、
横浜のとっておきを持ち帰ろう。

買う

レーズンサンド891円（5個）
高級ブランデーに浸したレーズンと
上質なクリームをクッキーでサンド
Ａ 横浜かをり

宝石ゼリー
712円（24粒）
宝石をモチーフにした天然素材を
使った8種類の味が楽しめるゼリー
Ａ 横浜かをり

かをりさぶれ1782円（12枚）
バターをたっぷり使ったサブレ。舵
形、かをりロゴ形、船形の3種類
Ａ 横浜かをり

横浜を代表する老舗洋菓子店

A 横浜かをり
よこはまかをり

横浜中華街 **MAP** 付録P.10 C-4

昭和22年（1947）
創業。西洋文化の
発祥の地・山下町
70番地で手作り菓
子を販売する。

☎0120-44-0149 所横浜市中区山下町70
営10:00（土・日曜、祝日11:00）〜19:00 休無
休 交みなとみらい線・日本大通り駅から徒歩
3分 Ｐあり

サバリン518円
ブリオッシュに洋酒シ
ロップを染み込ませた
大人の味のケーキ
Ｂ 喜久家洋菓子舗

90年以上愛される名店の洋菓子

B 喜久家洋菓子舗
きくやようがしほ

元町 **MAP** 付録P.15 D-2

居留地の婦人たち
に育まれた洋菓子
店。伝統の製法で
古き良き味を守り
続けている。

☎045-641-0545 所横浜市中区元町2-86
営10:15〜19:00（月曜は〜18:15）
休不定休 交みなとみらい線・元町・中華街駅
から徒歩4分 Ｐなし

レモンケーキ443円
レモンソースの酸味とバタークリー
ムのやさしい甘みが絶妙な味わい
Ｂ 喜久家洋菓子舗

ラムボール335円
ラム酒を効かせた生地を
チョコレートの中で発酵さ
せた菓子。店の人気No.1
Ｂ 喜久家洋菓子舗

ジャムダーツ
356円
創業時から販売するスト
ロベリージャムをサンド
した素朴な味わいのパイ
Ｂ 喜久家洋菓子舗

横濱仏蘭西瓦238円
西洋瓦をモチーフにした
焼き菓子。たっぷりのア
ーモンドが香ばしい
C 霧笛楼
元町仏蘭西菓子店

横濱煉瓦292円
横浜元町発祥のレンガに
見立てた人気商品
C 霧笛楼
元町仏蘭西菓子店

**横濱煉瓦
ショコラブラン
292円**
ホワイトチョコレート
とアクセントのラズベ
リーソースでやさしい
甘さを表現
C 霧笛楼
元町仏蘭西菓子店

サバラン500円
渋皮付きの栗が入
ったサバラン。ラ
ム酒が香る生地は
大人の味わい
D 浜志゛まん

ミニボストン500円
スポンジに2種類のクリ
ームをサンドした、ボス
トン生まれの伝統菓子
D 浜志゛まん

モンブラン500円
なめらかなマロンクリームの下に、
上品な甘さの栗が隠れている
D 浜志゛まん

黒糖どらやき200円（1個）
同店の看板商品。沖縄の黒糖と北海道
産小豆の素朴な甘さが味わえる
E 香炉庵 元町本店

花元町1000円（6個）
横浜港の浮玉をモチーフにした6種
の餡が楽しめる一口サイズの最中
E 香炉庵 元町本店

ビスカウト 9枚入り1880円
カステラとともに日本に伝わった伝統ある
菓子。上品な甘さとサクサクとした食感
F 馬車道十番館

**横浜元町あんプリン
292円（1個）**
濃厚なプリンの下に黒糖
みつと北海道産小豆の入
った和風プリン。卵と抹茶
の2種類がある（春夏限定）
E 香炉庵 元町本店

横浜ならではの洋菓子がずらり

C 霧笛楼 元町仏蘭西菓子店
むてきろうもとまちふらんすがしてん
元町 **MAP** 付録P.15 D-2

フランス料理店
「霧笛楼」に隣接。
焼き菓子のほか、
旬の素材を使った
生菓子も揃う。

☎045-664-6035 所横浜市中区元町2-96
営10:30～18:30 休無休 交みなとみらい線・
元町・中華街駅から徒歩4分 Pなし

浜っ子に愛される老舗菓子店

D 浜志゛まん
はまじまん
伊勢佐木町 **MAP** 付録P.12 B-2

ベテラン職人が作
る素朴なケーキが
人気。ボストンク
リームパイが一番
のロングセラー。

☎045-252-4001 所横浜市中区伊勢佐木町
5-129 営10:00～18:30（喫茶11:00～16:00）
休月曜、第1・3火曜 交地下鉄・阪東橋駅から
徒歩5分 Pなし

横浜元町生まれの和菓子店

E 香炉庵 元町本店
こうろあんもとまちほんてん
元町 **MAP** 付録P.15 D-2

元町では数少ない
和菓子の名店。和
の心を大切に、独
創性の高い和菓子
を作っている。

☎045-663-8866 所横浜市中区元町1-40
営9:30～18:00 休無休 交みなとみらい線・
元町・中華街駅から徒歩3分 Pなし

横浜で長く愛される老舗

F 馬車道十番館
ばしゃみちじゅうばんかん
関内 **MAP** 付録P.9 F-3

館内のカフェに併
設された売店では、
銘菓のビスカウト
やケーキ、パンが
持ち帰りできる。

☎045-651-2621 所横浜市中区常盤町5-67
営10:00～22:00 休無休 交各線・関内駅か
ら徒歩5分 Pあり

よろこばれる手みやげ

港町らしい情緒菓子を届ける

G ありあけ本館 ハーバーズムーン 本店

ありあけほんかんハーバーズムーン ほんてん

関内 **MAP** 付録P.10 C-4

素材とおいしさにこだわり、西洋文化と和のテイストを盛り込んだケーキや菓子が並ぶ。

☎045-210-9778 住横浜市中区日本大通36シティタワー横浜1F 営販売10:00～20:00 カフェ11:00～18:00(LO17:30) 土・日曜、祝日は～18:30(LO18:00) 休不定休 交みなとみらい線・日本大通り駅から徒歩3分 Pなし

横濱ハーバー ダブルマロン 5個入り1080円
カステラ生地に風味豊かな栗餡を使用したマロンケーキ。船や港がモチーフのパッケージもかわいい
G ありあけ本館 ハーバーズムーン 本店

黒船ハーバー ショコラクルミ5個入り1080円
ハーバー復活20周年を期に新登場。濃厚なチョコレートと香ばしいクルミを使用、しっとりとしたカステラ生地で焼き上げた一品
G ありあけ本館 ハーバーズムーン 本店

横浜名物のシウマイはここで!

H 崎陽軒本店ショップ

きようけんほんてんショップ

横浜駅周辺 **MAP** 付録P.5 D-4

落ち着いた雰囲気の本店ショップ。横浜名物シウマイなど定番製品は根強い人気。

☎045-441-8827 住横浜市西区高島2-13-12崎陽軒本店1F 営10:00～20:00 ※HPで要確認 休無休 交各線・横浜駅から徒歩1分 Pあり

焼きたてハーバー ダブルマロン 1個238円
サクッとした食感の皮がしっとりと温かい栗餡を包み込む。文字通り焼き立てが味わえる
G ありあけ本館 ハーバーズムーン 本店

横濱ムーンガレット キャラメルウォールナッツ 8個入り1253円
日本伝統のハレの食べ物「餅」と西洋の「ガレット」を織り交ぜて生まれたもっちり食感。キャラメル味でクルミの食感も楽しい。
G ありあけ本館 ハーバーズムーン 本店

海の玄関に横浜グッズが勢揃い

I エクスポート シルクセンター1階

日本大通り **MAP** 付録P.11 D-3

横浜の定番ともいえる洋食シリーズの横濱カレーや、港をモチーフにした商品も並ぶ。

☎045-650-8210 住横浜市中区山下町1番地シルクセンター 営10:30～18:00 休土・日曜 交みなとみらい線・日本大通り駅から徒歩3分 Pなし

横濱カレー702円
ピリッとした中辛。角切りビーフが入った横濱洋食シリーズの定番
I エクスポート

昔ながらのシウマイ 15個入り660円
豚肉と干帆立貝柱の風味が豊か。昭和3年(1928)から変わらないレシピで作る
H 崎陽軒本店ショップ

厳選素材から作るこだわりの味

J ガトーよこはま

横浜駅周辺 **MAP** 付録P.2 C-1

極上クリームチーズの濃厚な味わいが楽しめるチーズケーキの名店。季節限定ケーキも。

☎045-441-2310 住横浜市神奈川区栄町89-19 営10:00～18:00 休水曜 交京急・神奈川駅から徒歩11分 Pあり

よこはまチーズケーキ 13cm1998円
極上クリームチーズをたっぷり使用したチーズケーキは甘さ控えめな上品な味わい
J ガトーよこはま

チーズサンド 1本297円
サクサクのビスケットに風味豊かなバニラビーンズを使用し、濃厚チーズクリームサンドをサンド。
J ガトーよこはま

買う

146

香ばしい匂いに誘われて 愛されベーカリー

創業からこだわりの製法を持つ店や、焼きたて、作りたてを提供するパン屋さんの味わいは地元でも評判。

⬆ ムトン237円。ピーナツチョコとアーモンドスライスをトッピング

⬆ フランスあんぱん216円。歯切れの良い生地でつぶ餡を包んだオリジナルのあんぱん

⬆ 横須賀海軍カレーパン270円。海軍割烹術参考書のレシピで作ったカレーを使用

⬇ チーズバタール777円。角切りチーズが入った創業時からのロングセラー

⬆ アップルパイ220円。甘さ控えめのリンゴとサクサクパイの好相性が人気

⬆ イングランド410円。綿のようにやわらかく弾力があり、口どけの良い食パン

⬇ 小倉あんぱん200円。口当たりの良い上質のつぶ餡が素朴なパンの味にマッチ

⬆ ミルクスティック240円。特製ミルククリームが濃厚

⬆ ベーグル280円。もちっとしたニューヨークスタイル

⬇ キャロットケーキ1g＝2.6円。アメリカの家庭の味を再現した人気商品

横浜元町生まれのベーカリー
ポンパドウル 元町本店
ポンパドウル もとまちほんてん

元町 **MAP** 付録P.14 C-2

赤い袋がトレードマークのポンパドウル1号店。創業時から「焼きたて」にこだわり、売り場に併設した工房でひとつひとつていねいに焼いている。約6時間かけて作るフランスパンは絶品。

☎045-681-3956
🏠横浜市中区元町4-171 ポンパドウルビル1F
🕒9:00〜20:00　🏠不定休
🚃みなとみらい線・元町・中華街駅から徒歩6分
🅿なし

⬆ 自慢のフランスパンも店頭に数種並ぶ

手作りの味に心温まるパン店
ウチキパン

元町 **MAP** 付録P.15 D-2

明治21年(1888)創業の老舗パン店。食パン発祥の店として知られ、ホップ種から作る130年以上続く伝統のイギリスパン「イングランド」は外せない逸品。ほかにも手作りのパンが多く並ぶ。

☎045-641-1161
🏠横浜市中区元町1-50
🕒9:00〜19:00　🏠月曜(祝日の場合は火曜)
🚃みなとみらい線・元町・中華街駅から徒歩2分
🅿なし

⬆ 店頭には常時60〜70種類のパンが並ぶ

NYのパンとお菓子をセレクト
BLUFF BAKERY
ブラフ ベーカリー

元町 **MAP** 付録P.15 D-3

横浜では珍しいニューヨークスタイルのパンを提供する人気店。工房の作業風景が見えるスタイリッシュな店内には、粉の風味を引き出したボリューム感のあるカラフルなパンが並ぶ。

☎045-651-4490
🏠横浜市中区元町2-80-9
🕒8:00〜17:00　🏠無休
🚃みなとみらい線・元町・中華街駅から徒歩8分　🅿なし

⬆ 店内からパン作りの様子がうかがえる

↑歴史を感じさせる本館の奥に、高層のタワー館がそびえる

シーサイドで過ごす最高の時間
横浜ホテル物語

夜は海に近いロケーションのホテルへ。部屋から眺める美しい
景色や、洗練されたサービスとともに優雅にステイ。

ホテルニューグランド

山下公園周辺 **MAP** 付録P.11 E-4

伝統が息づく優美な本館のほか
抜群の眺望を誇るタワー館も魅力

昭和2年(1927)に開業した日本を代表す
るクラシックホテル。開業当時の姿をとど
める本館には、マッカーサー元帥が執務
室として使った部屋や、作家・大佛次郎
が愛用した客室が今も残る。一方、18階
建てのタワー館は近代的なつくりで、全
室から海を一望することができる。由緒
あるバーやレストランも利用したい
(P.108/P.122)。

🏠045-681-1841(代表) 🏢横浜市中区山下町
10 🛏238室 🕐14:00 🕚11:00 💰タワー館
ツイン1泊2万5933円〜、タワー館グランドクラ
ブフロア1泊3万3523円〜 🚃みなとみらい線・
元町・中華街駅1番出口から徒歩1分 🅿あり

↑貴重な横浜家具を配した本館2階ロビー

↑壮麗な本館の大階段はホテルのシンボル的存在

↑タワー館グランドクラブフロアプルミエスイート(右・中)。客室からみなとみらいの風景が見渡せる(左)

※宿泊料金は1室大人2名利用時の1名分の料金です。

横浜ロイヤルパークホテル

よこはまロイヤルパークホテル

みなとみらい **MAP** 付録P.6 C-4

港町の夜景を望みながら
安らぎのひとときを

横浜ランドマークタワー52〜67階に客室を構える、眺望抜群のホテル。レギュラーフロアからラグジュアリーなスイートルームまで、多様な客室を完備。お得な宿泊プランや記念日に最適なアニバーサリープランもある。

☎045-221-1111 所横浜市西区みなとみらい2-2-1-3 客603室 15:00 11:00 料ツイン1泊6万9575円〜（朝食なし）交みなとみらい線・みなとみらい駅から徒歩3分 P横浜ランドマークタワー駐車場利用

↑60〜64階スカイリゾートフロア「アトリエ」デラックスツインシティビュー

↑移りゆく景色を一日中楽しめる

↑買い物や食事施設も充実

横浜桜木町ワシントンホテル

よこはまさくらぎちょうワシントンホテル

みなとみらい **MAP** 付録P.9 E-2

観光にも便利な
大型ビジネスホテル

JR桜木町駅前に立地しアクセス至便。みなとみらい地区をはじめ、パシフィコ横浜や横浜ランドマークタワーへも近く、ビジネスマンや観光客に人気。客室はシンプルで落ち着いたつくり。和洋の朝食も好評だ。

☎045-683-3111 所横浜市中区桜木町1-101-1 客553室 14:00 10:00 料1泊朝食付5000円〜 交各線・桜木町駅から徒歩1分 Pあり

↑朝からディナーまでシェフの料理が楽しめるダイニング＆バー ベイサイド

↑広々としたファミリールーム

↓海側の客室からは、ベイサイドの景色が一望できる

横浜ベイホテル東急

よこはまベイホテルとうきゅう

みなとみらい **MAP** 付録P.7 D-3

くつろぎのホテルステイ
和洋中の美食も評判

バルコニー付きの部屋があり、横浜・みなとみらいならではの美しい眺望を楽しみながら、ゆったりと過ごすことができる。「クイーン・アリス」をはじめ、和洋中の本格的なレストランも充実している。

☎045-682-2222 所横浜市西区みなとみらい2-3-7 客480室 15:00 11:00 料1泊5万64円〜 交みなとみらい線・みなとみらい駅直結 Pあり

↑大観覧車を望むロケーション

↑フレンチの名店「クイーン・アリス」

↑優雅なディナータイムを

↓部屋から横浜港を望む、バルコニー付きのツインルーム

ヨコハマ グランド インターコンチネンタル ホテル

みなとみらい **MAP** 付録P.7 E-3

ヨットの帆をイメージした みなとみらいの象徴

ベイフロントの景色が一望できる客室は、クラシックルームから、豪華客船を連想させるクラブインターコンチネンタルルーム、格調高くホテル先端に位置するスイートルームまで多彩に揃う。個性豊かなレストランも充実し、夜景とともにディナーも楽しみたい。

↑横浜のシンボル的存在

↑ハーバービューの客室からは、昼夜姿を変える港が間近に感じられる

☎045-223-2300 🏠横浜市西区みなとみらい1-1-1 🛏594室
🕐15:00 🕛11:00㊗ツイン1泊5万2000円〜※日によって変動あり
🚇みなとみらい線・みなとみらい駅から徒歩5分 🅿あり

↑最上階にあるメインダイニング中国料理「驊騮（かりゅう）」

↑どの客室も窓が大きく、開放的でゆとりがある

↑みなとみらいを眼下に見下ろす、ベイビュー・デラックスツイン

ニューオータニイン横浜プレミアム

ニューオータニインよこはまプレミアム
みなとみらい **MAP** 付録P.9 E-1

大迫力のテレビを完備 窓からの眺望も必見

コレットマーレ3階にフロントがあり、ホテルは10〜19階に位置している。客室は全館禁煙で徹底しており、たばこの臭いが苦手な人も安心。客室には大きな窓が備わり、横浜のシティビューや、晴れた日は富士山を望む部屋もある。全客室に55型大型テレビを導入。

☎045-210-0707
🏠横浜市中区桜木町1-1-7 HULICみなとみらい
🛏240室 🕐15:00 🕛12:00
💴1泊1万5500円〜
🚇各線・桜木町駅からすぐ 🅿あり

↑パンケーキをはじめ、メニュー豊富なレストラン「THE sea」

ナビオス横浜

ナビオスよこはま
みなとみらい **MAP** 付録P.10 B-1

みなとみらいが一望できる 眺望が自慢のホテル

横浜赤レンガ倉庫にほど近い、ウォーターフロントのホテル。シンプルなシングル、ダブル、ツインをはじめ、家族連れに最適な和室も完備。館内には、みなとみらいの景色を楽しめるレストランや、横浜ベイブリッジを眺めながらお酒が飲めるバーもある。

☎045-633-6000 🏠横浜市中区新港2-1-1 🛏135室 🕐14:00 🕛10:00
💴ツイン1泊朝食付9900円〜（日〜木曜）、1万1550円〜（金・土曜、祝前日）
🚇みなとみらい線・馬車道駅から徒歩3分 🅿あり

↑特徴ある外観。眺めが良く、レストランやバーも落ち着ける

↑土・日曜、祝日限定でランチビュッフェを開催。窓が大きく開放的なレストランで食事ができる

↑6〜8階にあるツインルーム

泊まる

横浜みなとみらい
万葉倶楽部

よこはまみなとみらい まんようくらぶ

みなとみらい MAP 付録 P.7 E-3

みなとみらいの
眺望見事な天然温泉

和の情緒あふれる大型温泉施設。館内には、広い浴場をはじめ、食事処やエステ、客室などがあり、宿泊も可能。熱海温泉と湯河原温泉の源泉を使用した湯は、肌当たりがやさしく、体を芯から温めてくれる。

☎0570-07-4126 所横浜市中区新港2-7-1 営24時間営業 休無休 料2950円、子供1540円、幼児1040円(大人のみ入湯税100円別途必要) 交みなとみらい線・みなとみらい駅から徒歩5分 Pあり

↷最寄り駅や観光地から歩ける立地

↷天然鉱石や岩塩を使用した岩盤浴室

⤴ 9階の展望足湯庭園からは、大観覧車や高層ビル群の美しい夜景を一望

旅の疲れは帰る前に解消
スパでリラックス

街なかにあり、気軽に立ち寄れる温泉やスパ。
着いてすぐに楽しめ、数多くの浴場があるのも魅力。

⤴落ち着いた和の雰囲気の露天風呂。大浴場や檜風呂、寝湯もある

↷横浜の港を一望できるドライサウナ ↷コワーキングスペース

↷接客もていねいなフロント

↷サウナ後のクールダウンには水風呂とぬるめのジャグジーとを選べる

スカイスパ YOKOHAMA

スカイスパ ヨコハマ

横浜駅周辺 MAP 付録 P.5 E-3

ヨーロッパスタイルでくつろぐ
横浜駅直結の本格的スパ&サウナ

ビルの14階にある温浴施設。人工温泉やジャクジー、寝湯に加え、各種サウナが充実。ダイニングやカプセルホテル、ビューティサロンも併設され、美容や健康など目的に合わせて使える。

☎045-461-1126
所横浜市西区高島2-19-12 スカイビル14F 営24時間(8:30〜10:30は浴室清掃) 休無休 料一般入浴2550円(土・日曜、祝日3150円)、プランにより異なる 交各線・横浜駅から徒歩3分 Pあり

↷窓の外には、みなとみらいの絶景が広がる

151

予算や便利さを考えて、移動手段と玄関口を選びたい

横浜へのアクセス

便利なのは鉄道。東京方面からは直通運転が多く、横浜駅まで乗り換えなしで行ける路線が多数ある。
首都高速が通っているため車でのアクセスもしやすいが、渋滞が多いエリアなので注意が必要。

鉄道でのアクセス

起点となる横浜駅へはアクセス方法も多彩

横浜駅へはさまざまな路線が乗り入れており、他路線との直通運転も多いため、首都圏はもちろん北関東からのアクセスも容易だ。JR湘南新宿ラインや上野東京ラインを利用すれば、宇都宮や高崎駅から横浜駅まで乗り換えなしで移動できる。東北・北陸方面から横浜へ向かうなら、まずは新幹線で東京駅へ。東京駅から横浜駅へのJR線は東海道本線、横須賀線、京浜東北線の3路線あるが、東海道本線が早い。中部・関西方面からなら新横浜駅で新幹線を降り、市営地下鉄（ブルーライン）で横浜駅へ。北海道や九州など遠方の地域からは、羽田空港まで飛行機を利用するのが早い。羽田空港から横浜駅へは京浜急行が運行している。

●問い合わせ先
JR東日本お問い合わせセンター(6:00〜24:00)
　●列車時刻、運賃、料金、空席情報　‥‥‥‥☎050-2016-1600
　●忘れ物に関して ‥‥‥‥‥‥‥‥‥‥‥‥☎050-2016-1601
JR東海テレフォンセンター ‥‥‥‥‥‥‥‥☎050-3772-3910
東急お客様センター ‥‥‥‥‥‥‥‥‥‥‥☎03-3477-0109
京急ご案内センター ‥‥‥☎03-5789-8686／☎045-225-9696
みなとみらい線(横浜高速鉄道) ‥‥‥‥‥‥☎045-664-0629
市営地下鉄・市営バス(横浜市コールセンター) ‥‥‥☎045-664-2525

主要都市から横浜近郊までのアクセス

東北・北陸方面から	仙台駅	JR東北新幹線はやぶさ 1時間34分／1万1420円	東京駅
	新潟駅	JR上越新幹線とき 2時間6分／1万760円	
中部・関西方面から	名古屋駅	JR東海道新幹線のぞみ 1時間21分／1万840円	新横浜駅
	新大阪駅	JR東海道新幹線のぞみ 2時間13分／1万4590円	

近郊から横浜駅へのアクセス

東京駅	JR東海道本線・横須賀線 27分〜／490円	横浜駅
新宿駅	JR湘南新宿ライン(特別快速) 29分／580円	
渋谷駅	東急東横線(特急) 27分／310円	
新横浜駅	地下鉄ブルーライン(快速・普通) 8分・11分／250円	
羽田空港第1・第2ターミナル駅	京浜急行(エアポート急行) 28分／400円	

※所要時間はおおよその目安表記
※料金は通常期の片道料金を掲載。新幹線は指定席を利用した場合の料金です

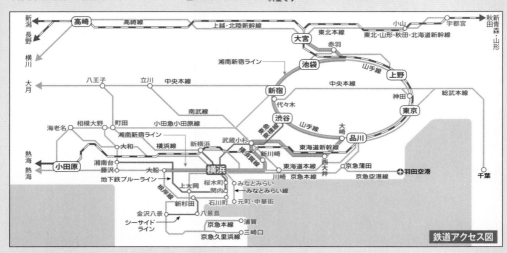

鉄道アクセス図

横浜へのアクセスにお得なきっぷ

①休日おでかけパス
価格:2720円　有効期限:1日(土・日曜、祝日、GW、夏休み、年末年始の特定期間のみ利用可能)　乗り放題範囲:フリーエリア内のJR普通列車(快速含む)の普通車自由席、りんかい線、東京モノレール線　発売場所:フリーエリア内のJR東日本の主な駅の指定席券売機など

②横浜1DAYきっぷ
価格:品川駅から1150円(出発地により異なる)
有効期限:利用当日限り　往復乗車券:京急線各駅から　乗り放題範囲:京急線横浜駅~上大岡駅、みなとみらい線、横浜市営地下鉄(指定区間)、横浜市営バス(「あかいくつ」含む指定路線)　発売場所:京急線各駅(泉岳寺駅を除く)

③東急線みなとみらいパス
価格:渋谷駅から920円(出発地により異なる)
有効期限:発売当日限り　往復乗車券:東急線各駅(一部を除く)から横浜駅まで　乗り放題範囲:みなとみらい線　発売場所:東急線各駅の券売機(一部を除く)

④西武横浜ベイサイドきっぷ
価格:本川越駅から2100円(出発地により異なる)
有効期限:利用当日限り　往復乗車券:西武線各駅(一部を除く)から東京メトロ副都心線接続駅(小竹向原、池袋、西武新宿)まで　東急東横線　乗り放題範囲:東京メトロ副都心線(小竹向原~渋谷間)、みなとみらい線　発売場所:西武線各駅(小竹向原、池袋、西武新宿、多摩川線各駅などを除く)

⑤東上横浜ベイサイドきっぷ
価格:川越駅から2060円(出発地により異なる)
有効期限:利用当日限り　往復割引:東武東上線・越生線(一部を除く)、東急東横線　乗り降り自由区間:東京メトロ副都心線、みなとみらい線　発売場所:東武東上線・越生線各駅窓口(池袋駅~和光市駅間、みなみ寄居駅、寄居駅を除く)

⑥相鉄MMチケット
価格:湘南台駅から1030円(出発地により異なる)
有効期限:発売当日限り　往復乗車券:相鉄線各駅から横浜駅まで　乗り放題範囲:みなとみらい線
発売場所:相鉄線各駅の券売機(横浜駅、新横浜駅を除く)

高速バスでのアクセス

交通費を節約してゆっくりと向かうなら

昼行・夜行ともに全国から高速バスが運行している。新幹線などに比べ時間はかかるが、運賃が抑えられる、乗り換えなしで横浜駅に直行できる、夜行バスなら早朝に到着して1日を有効に使えるといった利点がある。

主要都市発の高速バス

仙台駅	JRバス東北「ドリーム仙台・新宿/横浜号」 7時間/5300円~	横浜駅
大阪駅前 (東梅田)	近鉄バスほか「フライングライナー」 7時間16分/6700円	
名古屋駅	JR東海バスほか「ファンタジアなごや号」 7時間/5750円~	

●問い合わせ先
JRバス東北 仙台駅東口バス案内所 ･････････････････ ☎022-256-6646
近鉄高速バスセンター ･････････････････････････････ ☎0570-001631
JR東海バス予約センター ･･･････････････････････････ ☎0570-048939

車でのアクセス

首都高や第三京浜などを利用して移動

東京・千葉・埼玉方面からは、首都高速横羽線または湾岸線でアクセスできる。東名高速道路利用の場合は、横浜町田ICから保土ヶ谷バイパスを経由し首都高速狩場線に乗り換えるか、横浜線(三ツ沢経由)を利用。首都高速には片方向限定の出入口が多いので注意が必要。渋滞も考慮しておこう。

●問い合わせ先
日本道路交通情報センター(神奈川情報) ･･･････････ ☎050-3369-6614
日本道路交通情報センター(首都高速情報) ･･･････････ ☎050-3369-6655
首都高お客様センター ･･･････････････････････････ ☎03-6667-5855

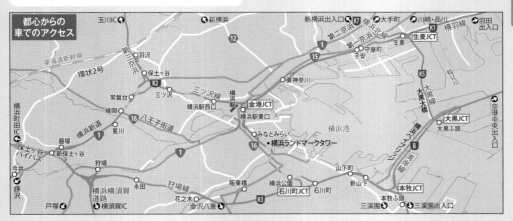

※情報は2023年10月のものです。鉄道は通常期に指定席を利用した場合の料金です。

目的地に合わせて上手に活用して、街歩きを楽しもう

横浜市内の交通

鉄道・バスともに路線が充実しており、主な観光スポットへはどちらの方法でも簡単にアクセスできる。
一日乗車券もさまざまな種類があるので、多くの見どころを巡るならうまく活用して賢く移動しよう。

鉄道

状況に応じて使い分けられる3つの路線

横浜中心部の移動には、横浜高速鉄道みなとみらい線、JR根岸線、市営地下鉄ブルーラインが利用できる。みなとみらいや中華街、山下公園など、主な観光スポットはみなとみらい線の駅が最も近いが、地下の深いところを通っているため、地上に出るのに時間がかかることも考慮しておきたい。JRや地下鉄の駅からも十分に歩ける距離にある。

●問い合わせ先

JR東日本お問い合わせセンター（6:00～24:00）
- ●列車時刻、運賃、料金、空席情報 ・・・・・・・ ☎050-2016-1600
- ●忘れ物に関して ・・・・・・・・・・・・・・ ☎050-2016-1601

みなとみらい線（横浜高速鉄道）・・・・・・・・・ ☎045-664-0629
市営地下鉄・市営バス（横浜市コールセンター）・・・・ ☎045-664-2525

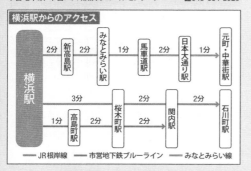

観光スポット周遊バス あかいくつ

観光スポットを巡るのに便利な周遊バス

赤いレトロなデザインのバスが、桜木町駅から主な観光スポットを周遊。15～20分間隔で、10～18時台の運行。土・日曜、祝日は増便され18時30分頃まで走る（朝・夜には桜木町駅～ハンマーヘッド間の区間便あり）。運賃は220円均一。目的に合わせて、1日乗車券の利用もおすすめ。

●問い合わせ先

横浜市コールセンター ・・・・・・・・・・・・・・ ☎045-664-2525

ぶらり観光バス路線

観光に便利な路線ごとのラッピング

横浜駅と観光スポットを結ぶバス。三溪園へのSルート「ぶらり三溪園BUS」は土休日運行で1時間ごと、野毛山動物園へのNルート（89系統）「ぶらり野毛山動物園BUS」は毎日運行で15～35分間隔だ。レジャースポットなどに移動するときに便利なので活用したい。

●問い合わせ先

横浜市コールセンター ・・・・・・・・・・・・・・ ☎045-664-2525

路線バス

市営バスの路線が数多く運行する

観光に便利なのは、横浜駅から桜木町駅を経由して中華街を通る8・109系統や、山下公園、マリンタワーへ向かう26系統。いずれも頻繁に運行しているので利用しやすい。

横浜市内の移動に便利なフリー乗車券

①市営地下鉄・バス共通1日乗車券
価格:830円　有効期限:利用当日限り　乗り放題範囲:市営地下鉄全線、市営バス全路線（あかいくつ・ぶらり観光バス路線含む）　発売場所:市営地下鉄各駅の自動券売機
※PASMOで購入することも可能。発売場所は各駅自動券売機のほか、市営交通お客様サービスセンター（センター南駅、横浜駅、上大岡駅）、市営地下鉄各駅事務室
※個別の1日乗車券もあり。地下鉄1日乗車券は740円、バス1日乗車券は600円

②ヨコハマ・みなとみらいパス
価格:530円　有効期限:利用当日限り　乗り放題範囲:JR根岸線横浜駅〜新杉田駅間の普通列車の普通車自由席、みなとみらい線　発売場所:JR根岸線横浜駅〜新杉田駅間の各駅の指定席券売機など

③みなとみらい線一日乗車券
価格:460円　有効期限:1日　乗り放題範囲:みなとみらい線　発売場所:みなとみらい線各駅の自動券売機・横浜駅を除く事務室

④みなとぶらりチケット
価格:500円　有効期限:利用当日限り
乗り放題範囲:横浜市営バスの指定区間、市営地下鉄ブルーライン横浜駅〜伊勢佐木長者町駅間、あかいくつ全線　発売場所:市営地下鉄横浜駅〜伊勢佐木長者町駅間の各駅、桜木町駅観光案内所など

⑤みなとぶらりチケットワイド
価格:550円　有効期限:利用当日限り　乗り放題範囲:みなとぶらりチケットの適用範囲＋新横浜駅　発売場所:みなとぶらりチケットの発売場所＋新横浜駅など
※①④⑤は、スマホのアプリ「my route」でも購入可能。乗降時に乗車券が表示された画面を見せる。

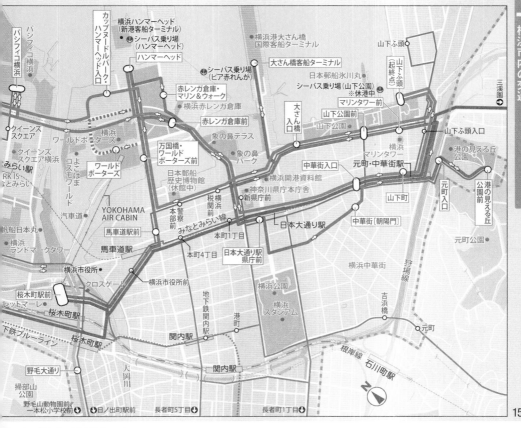

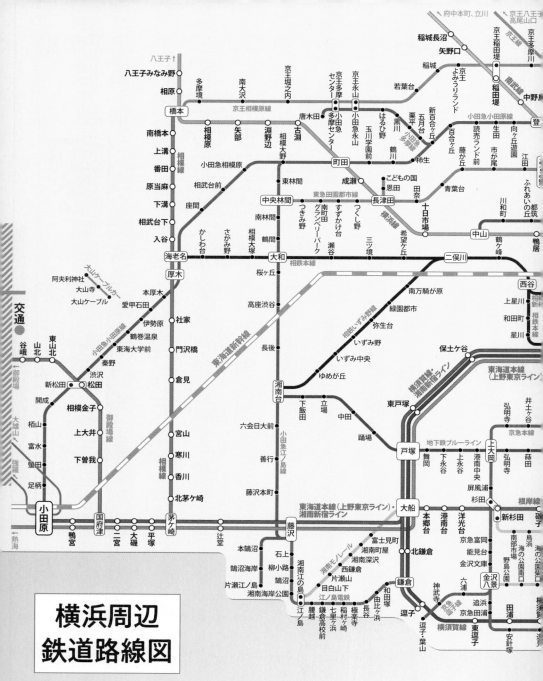

横浜周辺
鉄道路線図

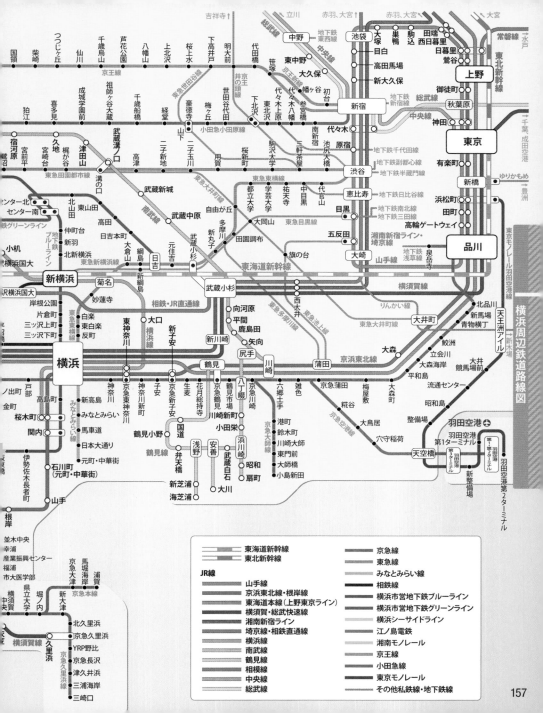

横浜周辺鉄道路線図

157

INDEX

遊ぶ・歩く・観る

食べる

STAFF

編集制作 Editors
(株)K&Bパブリッシャーズ

取材・執筆・撮影 Writers & Photographers
高橋靖乃　森合紀子　成沢拓司　忍章子
雪岡直樹　安田真樹　岩下宗利

執筆協力 Writers
遠藤優子　伊藤麻衣子　田中美和

編集協力 Editors
(株)ジェオ

本文・表紙デザイン Cover & Editorial Design
(株)K&Bパブリッシャーズ

表紙写真 Cover Photo
PIXTA

地図制作 Maps
トラベラ・ドットネット(株)
DIG.Factory

写真協力 Photographs
関係各市町村観光課・観光協会
関係諸施設
PIXTA

総合プロデューサー Total Producer
河村季里

TAC出版担当 Producer
君塚太

TAC出版海外版権担当 Copyright Export
野崎博和

エグゼクティヴ・プロデューサー
Executive Producer
猪野樹

おとな旅 プレミアム

横浜　第4版

2024年1月6日　初版　第1刷発行

著　　　者　TAC出版編集部
発　行　者　多田敏男
発　行　所　TAC株式会社　出版事業部
　　　　　　　　　　（TAC出版）

〒101-8383 東京都千代田区神田三崎町3-2-18
電話 03(5276)9492(営業)
FAX 03(5276)9674
https://shuppan.tac-school.co.jp

印　　　刷　株式会社　光邦
製　　　本　東京美術紙工協業組合

©TAC 2024　Printed in Japan　ISBN978-4-300-10968-7
N.D.C.291　　　　　落丁・乱丁本はお取り替えいたします。

本書に掲載した地図の作成に当たっては、国土地理院発行の数値地図(国土基本情報)電子国土基本図(地図情報)、数値地図(国土基本情報)電子国土基本図(地名情報)及び数値地図(国土基本情報20万)を調整しました。